商品信息采编

商品拍摄与图片处理

电子商务系列教材

主　编　孙天慧
副主编　严　威　詹　静

华东师范大学出版社
·上海·

图书在版编目(CIP)数据

商品信息采编:商品拍摄与图片处理/孙天慧主编. —上海:华东师范大学出版社,2018
 ISBN 978-7-5675-7471-7

Ⅰ.①商… Ⅱ.①孙… Ⅲ.①电子商务-商品信息-信息处理 Ⅳ.①F713.36②F713.51

中国版本图书馆 CIP 数据核字(2018)第 025727 号

商品信息采编
—— 商品拍摄与图片处理

主　　编　孙天慧
项目编辑　孙小帆
特约审读　桂肖珍
责任校对　林文君
装帧设计　庄玉侠

出版发行　华东师范大学出版社
社　　址　上海市中山北路 3663 号　邮编 200062
网　　址　www.ecnupress.com.cn
电　　话　021-60821666　行政传真 021-62572105
客服电话　021-62865537　门市(邮购)电话 021-62869887
地　　址　上海市中山北路 3663 号华东师范大学校内先锋路口
网　　店　http://hdsdcbs.tmall.com

印刷者　南通印刷总厂有限公司
开　　本　787×1092　16 开
印　　张　9.5
字　　数　237 千字
版　　次　2018 年 6 月第 1 版
印　　次　2021 年 2 月第 4 次
书　　号　ISBN 978-7-5675-7471-7/F·408
定　　价　32.80 元

出版人　王焰

(如发现本版图书有印订质量问题,请寄回本社客服中心调换或电话 021-62865537 联系)

前言
QIANYAN

  截至2017年12月，我国网络购物用户规模达到5.33亿，较2016年增长14.3%，占网民总体的69.1%。此外，网络购物行业呈现出以下发展特点：电子商务领域法律法规逐步完善；行业持续向高质量、高效能阶段过渡；线上线下融合纵深发展，线上向线下渗透更为明显。

  电子商务行业的发展进入高质、高能阶段，方便、快捷、舒适的购物体验逐渐成为电子商务企业追求和竞争的焦点。商品图片及网页信息是买家在购买过程中接触商品的最直观的方式，商品信息的采集与编辑在传递商品信息、提高客服效率、提高品牌形象、提高转化率上起着重要作用，在电子商务企业的运营过程中有着越来越重要的地位。因此商品信息的采集与编辑也成为电子商务从业者一项至关重要的技能。

  "商品信息采编"是电子商务专业的一门专业核心课程，本书为相应的配套教材，从电子商务商品信息采编的职业要求入手，紧贴采编岗位人才需求，完整并系统地介绍了商品信息采编的知识和方法。

  本书依据实际应用和技能训练的要求，按照项目化教学要求安排教材各章节，让学生通过完成项目中的一个个任务，学习知识、获得技能。《商品信息采编——商品拍摄与图片处理》主要包括商品拍摄、图片处理及详情页制作等过程，并对不同类型商品的处理特点分别进行了详细介绍和针对性的训练。

  本书共有十二个项目。为了让顾客更好地了解商品，商品拍摄是对商品本身特性最直观的还原，项目一至项目四为商品信息采编基本活动和技能的介绍，包括商品拍摄活动概述（项目一）、色彩的基本原理与作用（项目二）、数码相机的基本操作（项目三）和商品拍摄的要求（项目四）。不同类型的商品在拍摄过程中有着不同的侧重点和拍摄特点，项目五至项目七分别介绍了不同类型商品的拍摄活动，包括金属制品的拍

摄(项目五),玻璃制品的拍摄(项目六),服装的拍摄(项目七)。对拍好的图片进行处理,可以呈现出更好的商品图片,增加商品被顾客发现的机会,项目八至项目十一介绍了商品图片处理和详情页的制作,包括商品图片的处理(项目八),商品图片的特效处理(项目九),商品图片的美化(项目十),商品详情页(项目十一)。项目十二为商品海报设计方面的内容。

本书有重点、分层次地介绍了商品信息采编的相关知识和职业技能要求,为职业院校电子商务专业商品信息采编人才的培养和授课提供了优秀的教学用书,也可作为电子商务从业人员的参考用书。此外,本书也是上海市首批"双证融通"专业教学项目实施过程中的知识结晶与积累。

全书由孙天慧负责整体框架设计。具体分工如下:孙天慧负责并完成项目一、项目二、项目三、项目四、项目十一的编写工作,严威负责并完成项目五和项目六的编写工作,孙天慧和韩雪负责并完成项目七的编写工作,孙天慧和詹静负责并完成项目八的编写工作,詹静负责并完成项目九的编写工作,张凌婕负责并完成项目十的编写工作,韩雪负责并完成项目十二的编写工作。最后,由孙天慧完成统稿和审阅等工作。

由于电子商务行业发展的瞬息万变和编者能力有限,本书的不足之处在所难免,恳请读者谅解并批评指正。

编者

2018 年 3 月

目录

MULU

项目一　商品拍摄活动概述　　　　　　　　　　　　1
　　任务一　商品拍摄活动的概念和要点　　　　　　1
　　任务二　商品拍摄环境的搭建　　　　　　　　　4
　　任务三　商品拍摄中商品的分类　　　　　　　　9

项目二　色彩的基本原理与作用　　　　　　　　　12
　　任务一　色彩的基本原理　　　　　　　　　　　12
　　任务二　色彩的作用　　　　　　　　　　　　　15
　　任务三　商品拍摄构图　　　　　　　　　　　　19

项目三　数码相机的基本操作　　　　　　　　　　26
　　任务一　数码相机的有关知识　　　　　　　　　26
　　任务二　挑选数码相机进行商品拍摄　　　　　　28
　　任务三　数码相机的操作要点　　　　　　　　　30
　　任务四　数码相机的性能特点　　　　　　　　　32
　　任务五　数码相机的应用　　　　　　　　　　　35

项目四　商品拍摄的要求　　　　　　　　　　　　38
　　任务一　小件商品拍摄的光源布置　　　　　　　38
　　任务二　小件商品拍摄光源的使用技巧　　　　　41
　　任务三　小件商品拍摄的基本要求　　　　　　　43

目 录
MULU

项目五　金属制品的拍摄　　　　　　　　　　48
　　任务一　金属制品的拍摄要点　　　　　　　48
　　任务二　不锈钢保温杯的拍摄　　　　　　　52

项目六　玻璃制品的拍摄　　　　　　　　　　54
　　任务一　玻璃制品的拍摄要点　　　　　　　54
　　任务二　香水的拍摄　　　　　　　　　　　57

项目七　服装的拍摄　　　　　　　　　　　　59
　　任务一　平铺服装的拍摄要点　　　　　　　59
　　任务二　不同服装的拍摄方案　　　　　　　61
　　任务三　牛仔裤的拍摄　　　　　　　　　　64

项目八　商品图片的处理　　　　　　　　　　67
　　任务一　图片文字的处理　　　　　　　　　67
　　任务二　曝光不正确的商品处理　　　　　　70
　　任务三　商品图片色彩的调整　　　　　　　75
　　任务四　替换商品图片　　　　　　　　　　81

项目九　商品图片的特效处理　　　　　　　　85
　　任务一　添加水印　　　　　　　　　　　　85
　　任务二　形状工具中的三种常用模式　　　　86
　　任务三　运用形状工具进行图案绘制　　　　88

目 录
MULU

    任务四   修复工具使用   90

项目十　商品图片的美化　　95
    任务一   图层蒙版   95
    任务二   剪贴蒙版   97
    任务三   图层样式   101
    任务四   文字的设计   102
    任务五   照片加雾效果   103
    任务六   新建椭圆选区   105

项目十一　商品详情页　　107
    任务一   商品详情页的重要性   107
    任务二   商品详情页如何进行产品描述   109
    任务三   商品详情页的制作   110

项目十二　商品海报设计　　135
    任务一   商品海报设计概念   135
    任务二   商品海报设计的原则   136
    任务三   商品海报的表现形式   137
    任务四   商品海报设计与制作   140

项目一　商品拍摄活动概述

项目导读

在信息化高速发展的今天，人们迎来了智慧生活的便利时代。人们的生活方式较之过去发生了极大的变化，最明显的例子，即人们目前普遍认识到的，不出门即可购得心仪物品，这种通过电子商务平台进行的交易已经在生活中占据一席之地。

电子商务是现今信息时代的产物，也是经济未来发展的趋势。这种基于信息化平台的商务活动，不仅为人们带来了便利，更是为当今很多年轻人提供了创业机遇。相较于其他的创业途径，电子商务相对容易入门，同时基于信息化平台的活动也更适合年轻的创业者操作和运营。而要顺利地进行电子商务活动，在明确想要经营的商品之后，很关键的一步是对商品信息进行采集。

学习目标

1. 掌握商品拍摄活动的概念和要点；
2. 掌握商品拍摄环境的搭建、选择和要点；
3. 掌握光源的选择和光位设计；
4. 掌握商品拍摄中对商品的分类方法。

任务一　商品拍摄活动的概念和要点

【任务描述】

要明确商品拍摄活动的概念，首先要知道商品拍摄的目的是什么，这样才能更加有针对性地进行高效拍摄。商品拍摄，注重商品本质、特征等综合而详细的信息展示，也就是将商品的各项信息，包括外观、功能等拍摄成图像并展示在电子商务平台上。明确了这一点，就能知道，商品拍摄的目的是为了买家能够更好地了解相关商品，从而吸引买家购买。所以，在对商品信息进行采集前，我们要对商品市场的普遍情况以及买家所希望了解的商品信息进行详细的掌握，从而对相关商品进行详略有当的信息采集。

【任务实施】

决定买家购买商品的重要因素包含于商品拍摄之中。一般来说，其最直观的呈现方式是商品的图片。顾客在浏览店铺时，最先被吸引到的一定是令人赏心悦目的商品图片。一张具有生气、色调分明、角度适中的图片更会激发顾客的兴趣,从而产生深入了解,甚至是购买的欲望。

顾客在电子商务平台上搜索商品时,常常会得到大量的信息列表。在这些信息中,最具有视觉刺激效果的是商品橱窗图片。顾客的购买选择主要取决于图片的效果。如图1-1是在某电子商务平台上搜索商品"雨伞"得到的部分信息列表。

图1-1

卖家有时需要对拍好的图片进行处理,这样就可以呈现出更好的商品图片,使商品被顾客发现的机会有所增加。如下图1-2,因未经处理,商品色调显得比较昏暗,而图1-3为调整亮度之后的商品图片,视觉效果更好。

图1-2　　　　　　　　　　图1-3

可见,如何对最初拍摄出来的商品照片进行二次处理,是商品拍摄中至关重要的一点。

当然,除了呈现商品的图片,还需要对商品进行专业的描述,包括商品的参数、使用情况等等,这也是商品拍摄中非常重要的因素。对商品描述的专业度和可信度将在很大程度上决定顾客对商品的满意度和购买欲。

2. 商品拍摄活动的要点

商品拍摄首先要具有实用性,即拍摄出来的图片要能满足顾客的需求;其次要具有服务性,为顾客充分了解商品特性服务;再次要具有市场性,商品拍摄并不是一个独立的环节,在此过程中,我们要考虑店铺的综合环境,要了解同行店铺的商品特点等,紧跟时代潮流,吸引顾客购买。那么,商品拍摄有哪些需要注意的地方呢?

商品拍摄本质上是为了还原商品本身特性,其受众是顾客。所以首先要展示出顾客希望了解到的信息;其次,不同的商品有不同的特色,因此在采集时要向顾客传递商品与众不同之处。基于此,通过拍摄要真实地反映商品的形、色和质这三方面的特征,从而引起顾客的购买欲望。

形,是指外形。商品展示首先要呈现给顾客一个完整清晰,有吸引力的外观。拍摄时要注意从商品摆设角度以及整个画面构图方式和外界光源设计等方面综合考虑,使呈现出来的画面符合人们的视觉习惯。

色,是指商品的色彩。商品拍摄中非常重要的一个环节便是色彩还原。色彩,给顾客以强烈的视觉刺激,产生心理上的美感享受,从而唤起顾客浓厚的兴趣和强烈的购买欲望。在拍摄时,一定要避免环境对商品色彩的干扰,最大限度地降低色彩的偏差,让商品拍摄效果尽可能地还原商品自身的色彩。其重点在于对拍摄环境中背景的选择以及拍摄时光源的设计。当然,已经拍摄好的图片,也可以通过后期的处理,消除图片中的瑕疵。

质,意为商品的质量,顾客的决策主要取决于商品的质量。局部的细节特写可以体现出商品的质。此外,在呈现商品图片时,还要考虑其他的因素。比如同行店铺的商品情况,以思考自己是否要推陈出新,在同类产品中脱颖而出。又如网店的总体装修风格,以确保店铺整体效果适宜,商品直观效果醒目等。

例如,实木家具,有的厚实稳重大气,有的轻巧可爱温馨,如图1-4和图1-5。

图1-4

图1-5

在确定好商品的风格之后,结合店铺的整体氛围,我们要对商品的图片进行处理。考虑到家具的实用性,商品的图片要稍显柔和,但是色彩又要比背景色鲜明,这样会主次清晰,吸引顾客眼球。当然,图片的呈现角度要全面,以确保顾客能够全方位地观看商品。尤其是对一些比较重要的商品细节,还要进行分解放大呈现,以提高商品的表现力。见图1-6和图1-7。

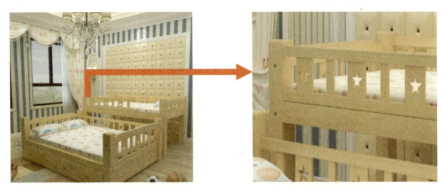

图1-6　　　　　　　　　　　图1-7

此外,拍摄者平时拍摄的商品照片难免会有瑕疵,所以要对图片进行修复或修补。当然,有时候针对特定的商品,也可以考虑增加图片的层次,对图片的色彩也要进行调整,对亮度、平衡度以及对比度等等都要做精细的处理。

和商品图片一起呈现在顾客眼前的,还有商品详细页。商品详细页是将拍摄处理后的图片配合文案制作成一整张详细页呈现给顾客。商品文案搭配图片能帮助顾客更为清楚地了解商品的信息。商品详细页可以有各种板块,比如主视觉海报图、商品参数、商品细节、产品比对、证书资质、物流仓储等等。图1-8就是一个实木家具的详情页中的参数板块。

安装说明详情: 提供安装说明视频…	性别: 女　男	品牌: 鼎盛实木家具
型号: 130*150	颜色分类: 上80宽下100宽无抽屉裸…	尺寸: 其他
是否有安全拦板: 有安全拦板	风格: 简约	材质: 木
木质材质: 松木	产地: 江苏省	城市: 徐州市
是否可定制: 否	是否带储物空间: 是	组合形式: 更多组合形式

图1-8

详情页的设计要充分满足顾客了解商品详细信息的需求。详情页的呈现样式可以丰富多彩,其中,商品信息的编辑和设计很重要,精心的编辑和设计可以提高商品的转化率。

任务二　　商品拍摄环境的搭建

【任务描述】

商品拍摄无论是在室内还是室外都需要在合适的环境下进行,有时还需要借助一些手段进行人为地搭建。

【任务实施】

1. 商品拍摄环境搭建的选择

在对商品进行信息采集时,需要多方位全面地展示,这就需要拍摄大量的商品照片。在此过程中,为了让其色泽和质感更加舒适和真实,需要对拍摄场景进行简单的布置,以及对光线等因素进行适当的调整。

首先,要选择拍摄背景。例如,只要拍摄一支笔,那么尽量选择纯色背景作为衬托,一般来说选择纯白色背景,这样可以更好地凸显笔的外观特质,也使后期对图片进行处理时更为便捷。此外,对于商业拍摄,这也能够提高拍摄的效率,降低拍摄的成本。之后要根据拍摄对象的大小对场景进行布置。首先当然是专业背景布,如果没有,也可以利用身边现有材料自己搭建简单的摄影棚。还是以笔的拍摄为例,由于笔本身体积比较小,使用 A4 纸即可辅助完成拍摄。见图 1-9。

图 1-9

当然,很多时候,为了展示商品的实用特性,方便顾客更直观地感受到实物效果,常常需要借助周围环境或者模特对商品进行烘托。例如,拍摄手表的时候,可以多角度展示手表的图片,但是模特佩戴后拍摄的图片更具有参考性,可以真实地反映出手表的特征。见图 1-10。

图 1-10

但是有模特配合拍摄时,对于拍摄场景的搭建要求就更加严格了。无论是模特的角度,还是模特与商品的配合,都要反复试验,在大量的拍摄实践后找到最佳的光线角度。

还有一种情况,在拍摄商品时需要周边环境的烘托、配合。还是以前文中提到的实木家具为例,在进行拍摄时,为了更好地呈现家具在房间中的整体搭配效果,需要搭建一个室内的拍摄场景。一般来说,可以选择与家具色彩相近但是颜色更加柔和一些的房间背景,并且结合家具的特点,对房间进行一定的布置。比如,在儿童房中进行家具布置,可以放一些孩子喜爱的玩具等进行装饰。另外,在对图片进行处理时,可以根据需要,收集素材进行图片美化,从而更好地烘托商品。见图 1-11。

图 1-11

2. 商品拍摄环境搭建的要点

确定拍摄环境后,需要根据商品的类型对环境进行搭建。这里介绍构成拍摄环境的主要部分。在专业的拍摄环境中,有一种专门用于放置商品的拍摄台,称为静物台,见图1-12。

图 1-12

静物台便于拍摄最佳角度,其上覆盖的半透明塑料板方便布光,且桌面高度易于调节,可以根据拍摄需要随时调整。图1-12所示为小型静物台,还有一种大型静物台,一般其两侧会放置安装影室灯的支架。当然,我们在日常拍摄时常处在简易的环境中,这时,我们可以用简单的拍摄台来取代,通常用一张水平、稳固的小桌子即可完成。

搭建好拍摄台之后,背景颜色的挑选十分重要。前文已提到,一般纯物拍摄,我们选择纯色背景即可,这样可以凸显商品特质,使其看起来更为清晰、有质感。背景色彩一般以黑、白、灰色调为主,可分为背景纸、背景布等。具体可根据拍摄商品的特点和拍摄需要进行选择,需要注意的是,背景色与商品的颜色不能相近。一般来说,白色背景可以减少干扰,且易搭配。但若商品有透明特质,我们也可选择黑色背景,以突出其本身的质感。此外,如果拍摄童装,可选择粉色背景,令人感觉到温暖可爱。拍摄男装,则一般选择灰色这种中间色调。如果后期想用软件进行处理,还可以采用绿色背景。背景材质的不同同样影响着照片的氛围。背景布、背景纸都是为了避免环境光反射影响被摄物体或人。专业背景纸在选购时一般以卷为单位,可按不同标准的色号进行选择。见图1-13。

在平时拍摄时,也可用绘图纸或白色卡纸替

图 1-13

代专业背景纸。只要保证其色彩纯正、薄厚适中、反光吸光性能良好即可。

拍摄时三脚架也至关重要。三脚架可保证相机在拍摄过程中稳定不晃动,这是拍摄清晰照片的关键。在选购三脚架时,应考虑到携带的便利性、支撑架的稳定性、操作的灵活性等。市场上三脚架的价格跨度较大,区分主要在于三脚架的承重性、材质以及云台质量等。其中尤其需要考虑云台质量,云台的主要作用是固定相机的位置,常见的有球形云台和三维云台两种,见图1-14(球形云台三脚架)和图1-15(三维云台三脚架)。

图1-14 球形云台三脚架　　　　图1-15 三维云台三脚架

此外,在拍摄时还常用到灯架。在配备影室灯以及各类灯具时,一般不会包含灯架,但若有灯架的支撑,在进行一些类似于顶部照明布光的操作时,会更为精确和方便。

3. 摄影光源类型的选择

商品拍摄离不开光源。光源分为两大类,分别为自然光源和人造光源两种。在实际拍摄中,由于商品形、色、质方面的特殊需求,以及自然光源的不可控制,我们常常需要用人造光源来布光。人造光源不仅要亮度充足,而且需要稳定输出,又不会悖于自然,还要与自然光源效果相仿。因此,对于设备以及拍摄技巧的要求较高。在拍摄商品时,一般选用影室灯进行照明。

影室灯分持续光源和瞬间照明两类。我们日常生活中常见的灯光便是持续光源。持续光源影室灯适合初学者,价格低廉、易于操作,适合小件商品的拍摄。我们俗称的节能灯,就是最常见的持续光源影室灯,一般称其为三基色灯。三基色灯具有成本低、热量小、亮度高等特点。但是三基色灯影室灯与家用三基色灯又有着本质上的区别,前者瓦数大,色温更接近于阳光的色温,使用时通常是几个灯泡串联使用。见图1-16。

图1-16 三基色灯

除了三基色灯外,在商品拍摄时用到的持续光源影室灯还有卤素灯和LED灯等。卤素灯的色温属于黄光,一般用来装饰或者衬托,其缺点是使用时温度较高,有时需要用到柔光箱,避免烫伤。LED灯是英文发光二极管(Light Emitting Diode)的缩写,一个LED灯往往由许多LED颗粒组成。

与持续光源不同,瞬间照明使用的大多是闪光灯。其优势是可以达到自然阳光照射下的效果,另外光源输出较稳定,适合于对同样的商品进行多次拍摄。瞬间照明影室灯由闪光灯和造型灯两个部分组成,见图1-17。

图1-17

造型灯实际上是一种持续光源,一般是石英灯或白炽灯等。闪光影室灯在市场上购买的价格跨度很大,在选购时要分外注意闪光指数,单位是"GN",闪光指数是反映闪光灯功率大小的重要指标之一,二者成正比。一般情况下,我们进行商品拍摄时不需要专业摄影的高要求,在选择闪光影室灯时只需要关注闪光灯的功率。此外,在使用过程中,一般要给闪光影室灯的灯头部加装灯罩,以聚集光源。

4. 摄影光源设计的要点

光位是商品拍摄的另一个重要的因素,又称光的方向,是指光源相对于被摄物体的位置或角度。一般摄影室中主要有:顺光、前侧光、侧光、侧逆光、逆光,见图1-18。

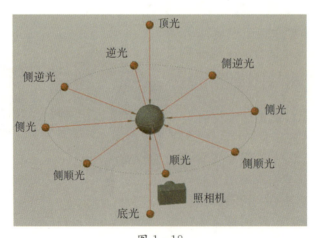

图1-18

顺光,即正面光,这种拍摄手法是让相机的拍摄方向与光线的投射方向保持一致。由于光线是从正面方向均匀地照射在被摄体上,被摄体受光面积大阴影比较小,线条柔和,能较好地表现出物体本身的色彩,但无法凸显商品的层次感和立体感。前侧光,即相机拍摄方向与光线投射方向大约成45度角,角度产生阴影,使得被拍摄物体层次分明,质感突出,立体感强。侧光,即相机的拍摄方向与光线投射方向大约成90度角。相对于前侧光来说,其明暗对比和投影更加强烈,立体感更加凸显。受光面与阴影面的比例关系之所以较难控制,是因为商品图片效果明暗不均衡。侧逆光,又称后侧光或反侧光,相机拍摄方向和光线投射方向大约成135度角。这种拍摄手法呈现的效果,使得商品大部分处于阴影之中,从另外一个角度,即被照明的一侧来说,与背景空间的空间感增强了,轮廓得到了很好的凸显。逆光,也称背光,拍摄时,光源在被摄体的后方、镜头的前方,这种拍摄手法更多地想要表现为剪影,形成强烈的轮廓光效果。

在垂直方向上,常用到顶光、高位光、平位光、低位光和底光。

任务三　商品拍摄中商品的分类

【任务描述】

商品的种类有很多,不同种类所需要的拍摄环境和拍摄方法都不一样。所以,必须先对商品进行明确的分类,然后再进行商品拍摄,并在此基础上确定环境及光源的布置等。

【任务实施】

商品分类,是指为了一定目的,选择适当的分类标准,将商品集合总体科学地、系统地逐级划分为门类、大类、中类、小类、品类以至品种、花色、规格的过程。在网络购物时,人们浏览的首页会有较为清晰的商品分类。见图1-19。

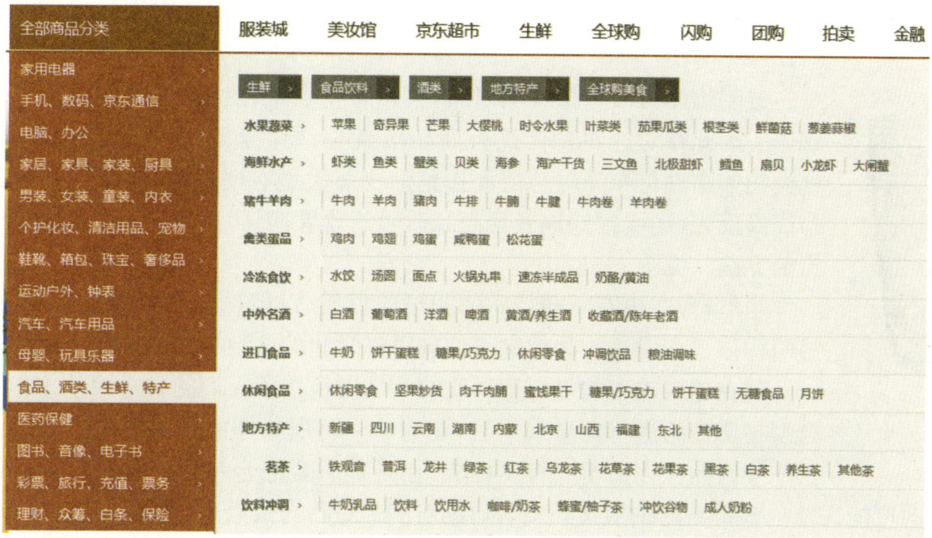

图1-19

但在商品拍摄活动中,对商品的分类与网上商务平台登记的商品分类并不相同。网上商务平台上登记的商品分类是人们日常生活中所熟知的、习惯接受的一种分类方法,是以商品的使用属性为基准进行分类的。而在商品拍摄时,进行商品分类的主要目的是为了拍摄,因此,是从商品拍摄角度为基准进行分类的。分类方法不同,所用到的拍摄环境和方法都将不同。

一般来说,商品拍摄人员在拿到货物之后就要开始对商品进行分类,分类依据的就是摄影、光线的作用。一般分为三大类:吸光物体、反光物体和透明物体。当然,由于现代材质行业发展的特殊性,复合型材质也很常见。

吸光物体是日常生活中最常见的物体,生活中常接触到的是衣服、粗陶、水果、木制品等都属于吸光物体。吸光物体的特征是表面不光滑,在光线照射下,物体呈现出清晰完整的明暗和层次。见图1-20。

图1-20

图1-21

当然,这种情况并非绝对,有些吸光物体的表面也比较光滑,在拍摄时反光性较好,因此在拍摄过程中要注意突出其光泽度,例如真皮等材质的物体,我们将之称为半吸光物体。

反光物体,是指银器、钻石、宝石、陶瓷、不锈钢等材质的物体。这类物体的特点是表面非常光滑,光线投射向物体的时候,大部分都会被反射出去。不会出现柔和的明暗过渡是反光物体最大的特点。这一特点也是吸光物体和反光物体之间最大的区别。见图1-21。

需要注意的是,拍摄反光物体时,容易在其表面映照出周围的物体,从而对呈现出来的图片效果产生干扰。所以在搭建拍摄环境时,要注意对周围环境的布置,应格外注意对反光的控制。

透明物体大多是指玻璃制品,其显著特点是光线投射到物体上时可穿透物体。因此在对透明物体进行商品拍摄时,要注意对商品通透特点的展示。这类物体在进行布光时与前面提到的物体类型有明显差异,既不能使其表面形成高反光,还要很好地展现商品透明的效果,因此在拍摄时常常采用逆光拍摄的方法。见图1-22。

当然,现在也有一些特殊的非玻璃材质,以特殊塑料材质较常见,也属于透明物体。在对这类物体进行信息采集时和玻璃制品的注意要点相同。

图1-22

现在越来越多的复合型材质的商品出现在了人们的日常生活中。在对复合型材质商品进行信息采集时,要与单一材质物体的拍摄方法区分开来。由于一个商品往往由不同材质构成,在处理时要综合考虑到各种材质的综合影响。有时可能需要一些特殊的拍摄技巧或者后期对图片进行合成处理。

【拓展活动】

说到商品分类,大家不可避免地会想到服装类目。的确,在各种电子商务平台中服装类目的商品占有重要地位。那么,在对服装商品的拍摄中,需要注意哪些细节呢?

一般商家可能会对各类方式都有所运用,比如平铺摆拍、风格化平铺摆拍、人造模特摆拍、挂拍、风格化挂拍、模特棚拍、模特街拍、主题外景拍摄等等。而在这些方式的运用过程中,由于涉及物体的实用效果以及周围环境的烘托,所以对模特的要求更加严格。后面的章节会对这些具体内容详加阐述。大家可运用前文中介绍的注意事项,自己尝试做一期服装分类。

项目二　色彩的基本原理与作用

项目导读

在日常生活中，会看到不同的颜色，这是因为光的作用导致的视觉现象，当光源遇到物体时，一部分光源就会被物体所吸收，其余部分被反射到人的眼睛，形成不同的颜色。

学习目标

1. 掌握色彩的基本原理，掌握色彩的作用；
2. 能够根据色彩的基本原理，结合实际需要设计光源；
3. 掌握商品拍摄的构图理论，结合实际进行构图操作。

任务一　色彩的基本原理

【任务描述】

掌握色彩的基本原理、色彩属性、色彩的心理对于产品的设计十分重要，通常会通过色彩混合的方式使商品呈现更好的效果。

【任务实施】

1. 色彩的基本原理

物体色是物体在不同光源下表现的各种色彩，是眼睛能看到的物体颜色。物体色的产生是光的作用与物体的特性构成的。例如，平常人眼看到的植物呈现出绿色，是因为植物叶子中含有叶绿体，叶绿体里面含有叶绿素，叶绿素主要吸收蓝橙光和黄紫光，吸收绿色光最少，因此阳光照射叶绿素之后其他颜色的光被吸收了，返回了绿色的光，再反射到人眼，所以人看到的大多数植物是绿色的。

因此，实际上不存在绝对的黑色或白色，常见的物体色中，白色的反射率是64%—92.3%，黑色的反射率小于10%，灰色的反射率是10%—64%。

根据物体表面肌理的状态不同，会影响到物体对色光的吸收、反射或者透射能力。漫反射的形成是由表面粗糙、凹凸不平的物体对光线的反射产生，如毛玻璃、海绵等。对色光出现反射情况的物体其表面是光滑、整洁、纹理细腻的，如镜子、丝绸等。

光源色是各种光源发出的光，形成不同的色光。简单地说，光源色就是光照射到白色光滑不透明的物体上产生的颜色。

把太阳光下物体呈现出来的色彩效果总和称为固有色,固有色是指物体固有的属性在常态光源下呈现出来的色彩,所以它应该是只存在于我们的认知领域里。例如,在闪烁的霓虹灯光下,会产生奇妙莫测的颜色。

在太阳光的照射下,自然环境会呈现出自然的颜色,称之为环境色。

综上所述,物体色是由光源色、固有色和环境色所组成的,所以影响商品颜色的两大因素是光源色和环境色。

光源是影响物体色彩的重要因素,其在色彩中起到了主导作用。由于光源色的不同,必然会影响到物体色彩。光源色对物体色的影响主要表现在物体的光亮部位。表面光滑的物体,例如陶瓷、玻璃、金属等在光源色的照射下会产生高光。光源本身的色彩也不是一成不变的,它随着光的强弱、距离的远近、媒质的变化等而产生相应变化,当光源色彩改变时,受光物体所呈现的颜色也随之发生变化。

物体表面的色彩经过色光的照射,其表面受色光的影响而改变。物体相互之间的色彩呼应和联系更为强化,主要是因为环境色的存在与变化,能够微妙地表现出物体的质感,使物体的色彩更为丰富。由此可见,对物体的色彩有着重要影响的分别为光源色和环境色。物体各部分色彩之所以会产生差异是由于光源色、固有色、环境色三者相互作用,按三者的强弱不同而变化,所以说,在日常的生活中巧妙地应用和掌控光源色、环境色是非常重要的。

2. 色彩的混合

为了使商品呈现效果更好,一般情况下,采用将几种色彩混合使用的方式,呈现出新的色彩,叫做色彩混合。一般有加色混合、减色混合以及空间混合三种。

(1) 加色混合

加色混合,又称 RGB 三原色混合,通常说的三原色,即红 Red、绿 Green、蓝 Blue。自然界中所有的颜色,同时相互叠加变为白色,是由于三原色通过不同比例混合而成的。见图 2-1。而增加三原色不同色光量使之亮度加强,当全色光混合时,三种等量组合可以得到接近白色的色光,也是其中最明亮的色光。例如,电视、摄影等都是运用了该原理进行设计的。

补色是相对两种色光而言,这两种色光按照一定的比例混合会产生白光。而"色光三补色"指的是与 RGB 三原色互为补色的,分别为黄色光、品红色光和青色光。在日常拍摄中,加色混合能够起到渲染氛围的作用。

图 2-1

(2) 减色混合

减色混合,指颜色的三原色,即黄、品红、青三色的构成彩色像。由于物体对色光选择性吸收和反射,所以有色颜料吸收部分光,呈现另外一种颜色。减色混合原理可运用于生活中的彩色照片、印刷和绘画。见图 2-2。

减色混合通常又可以得到一次色、二次色和复色。一次色是指 CMY 所对应的青、品红和

图 2-2

黄色光在色彩学上的名称;二次色,即"间色",是由品红、黄、青的减法三原色中任意两种原色调配成的色相;由原色和二次色混合而成的色光,所得到的色光称为三次色,又可以称为复色。

加色混合和减色混合都可以利用色彩原理得到我们所需要的颜色,两者的区别主要在于加色混合是一种发光的模式,而减色混合是依靠反光的模式。如果处在黑暗的环境中,加色混合模式是可见的,而减色模式与加色混合模式不同,其必须在外界光源的支持下才能看见。加色混合通常在摄影和舞台的照明设计中发挥较大作用,这种色彩混合方式可以营造出特定的环境氛围,而减色混合多用于印刷品中。

(3) 空间混合

空间混合,是指将不同的颜色并置在一起,当它们在视网膜上的投影小到一定程度时,这些不同的颜色刺激就会同时作用到视网膜上邻近部位的感光细胞,致使眼睛很难将它们独立地分辨出来,这就会在视觉中产生色彩的混合。显然,这种混合模式下颜色本身并没有真正的混合,而是由于空间距离产生的一种幻觉,也可以说是一种视觉调和。空间混合模式得到的色光,相较于前面两种混合模式呈现出来的效果更加强烈,得到的色彩看起来更为丰富。

3. 色彩的属性

光源色、固有色、环境色这三个方面形成了物体表面的色彩,在实际生活中,我们不仅要理解和应用色彩,还要明白色彩的属性。

色彩应具备明度、色相、纯度(饱和度)这三个基本属性,要进行色彩设计,一定要能够灵活地应用这三种基本属性。

(1) 明度

明度是指色彩的明暗程度,主要受物体表面的反射光程度的变化而变化。例如,不同色相之间会有明度变化。另外在某种原色中添加一种色彩也会使明度发生变化。色彩的明度又可以成为光度(相对于光源色而言),也可以成为亮度(相对于物体色而言)。在无彩色类中,明度最高的是白色,最低的是黑色,白色的明度为10,黑色的明度为0,其他色系则介于两者之间,一般可分为九级。靠近白色的部分为明灰色,靠近黑色的部分称为暗灰色。

(2) 色相

色相是色彩的首要特征,即各类色彩的相貌称谓,是色彩可呈现出来的质地面貌,是区别各种不同色彩的最准确的标准。自然界的色相是丰富多彩的,我们所熟知的"红、橙、黄、绿、青、蓝、紫"是基本色相。而每一种基本色相又可以细分为几种色相。基本色相的秩序称为色环,色环分别可作为六色相环、九色相环、十二色相环、二十四色相环等多种色彩秩序。

(3) 纯度

纯度是深色、浅色等色彩鲜艳度的判断标准,也可以说纯度表示颜色中所含有色成分的比例。原色的纯度最高,纯度下降,色彩就会变淡。像黑、白、灰三色,我们称之为无彩色,就是把纯度降到最低。纯色是指不掺杂白色或黑色为同一色相的色彩。若在其中加入不同明度的色彩,可以形成其他的纯度。例如,在纯蓝色中加入白色,明度会上升。而加入黑色,明度则下降。红色纯度最高,而绿色纯度相对低些,其余色居中。黑、白、灰没有纯度。

4. 色彩的心理

色彩的心理是人的脑电波对不同色彩出现的暗示和感觉,是对客观世界的主观反映,从而出现了对色彩的好恶,进而影响了人的心理、情绪甚至行为。例如,红色给人一种温暖、热情、积极、幸福、向上的感觉,容易使人联想到太阳、火焰、鲜花等。黑色意味着黑暗、神秘、庄严等,其明度最低,属于无彩色。同时黑色还代表一种坚毅、果敢、力量等。

了解了色彩的心理性格及人们对其产生的心理联想,不仅在商品拍摄时的背景、搭配场景等的选择有着重要的现实意义,而且对人们的工作、生活和身心健康有着重要的影响。研究表明,色彩心理与年龄有关。人随着年龄的变化,生理结构也发生转变,色彩所产生的心理影响随之有别。年龄越接近成熟,所喜爱的色彩愈倾向成熟化、理性化。儿童大多喜爱极鲜艳的颜色,婴儿则较为喜爱红色和黄色。另外,色彩的喜好也与性格有关。如想分析一个人的性格,可观察其不同衣着的色彩、房间色彩等来判断。色彩心理还与职业有关。一般体力劳动者喜爱鲜艳色彩,而脑力劳动者则喜爱调和色彩和复色。色彩偏好还与民族、地域及风俗习惯有关。

任务二　色彩的作用

【任务描述】

色彩的作用不言而喻,掌握色彩的作用可以高效地设计自己的作品,呈现出理想效果。那么,要从哪些方面学习色彩的作用呢?

【任务实施】

1. 色彩的采集与重构

人们对自然色和人工色进行观察和学习,在此基础上,进行再创造的过程,叫做色彩的采集与重构。一方面,分析色彩的组成和构成形式;另一方面,加入自己的表现形式进行重构。

(1) 色彩的采集

生活中不缺乏美好的色彩,所以要善于从平凡的事物中去观察、发现,并将原色彩融入设计者的新思维,达到某种创作的意义。色彩的采集范围相当广泛。一方面要想增加自己的色彩感,就要学会借鉴民族文化遗产,从一些原始的、经典的、民间的艺术中寻求灵感;另一方面要学会从变化万千的大自然中,以及那些异国他乡的风土人情,各类文化艺术和艺术流派中吸取养分。

① 对传统色的采集

传统色具有代表性,是一个民族世代相传的色彩特性。科学文化烙印、艺术风格、色彩主调和不同品味,这些艺术特征均在各个时代所产生的艺术品上展现。

② 对自然色的采集

自然色丰富、精彩、富于变化,向人们展现迷人的色彩,如蔚蓝的海洋、金色的沙漠、苍翠的山峦、灿烂的星光等。就像人们说的,春有鲜花,秋有月,夏有凉风,冬有雪,还有晨、午、暮、夜的色彩,有植物色彩、矿物色彩、动物色彩、人物色彩等。这些美丽的景、色都能引起人们美好的情感。要想拍摄优质图像,就要长期致力于对大自然色彩的研究,对各种自然色彩进行提炼、归纳、分析,并从自然界捕捉灵感、开拓创新。许多摄影艺术家都以此拍出精彩的作品。

③ 对民间色的采集

民间色,顾名思义,是指民间艺术作品中体现出来的色彩。例如,剪纸、刺绣等,这些色彩通常以淳朴、自然而引人注目。

④ 对图片色的采集

图片色是指各类印刷品上的色彩。

无论是城市的街景还是大自然万物的景象都可以成为采集的对象。图片的内容可以包揽一切,不管它的形式和内容怎样,只要色彩美,就值得借鉴,就可以作为采集的对象。

(2) 色彩的重构

色彩的重构是指,将物体原来的颜色加入新的想象和元素,使之重组构成新的色彩。这是一种再创造的过程。色彩的重构有以下几种形式。

① 整体色按比例重构

色标的制作是将原来的色彩的对象进行采集后,根据相关的比例,作出相应的色标。按比例使用在新的画面中,不仅主色调保持不变,而且原物象的整体风格也基本不变。

② 整体色不按比例重构

整体色不按比例重构使对象不仅保留原有色彩的感觉,而且又产生新鲜感和创作感。

③ 部分色的重构

部分色重构即可选局部色调,也可抽取部分色,这种重构较为简约、概括,还更为自由、灵活。

④ 形、色同时重构

根据物体的形和色的特点进行重新组织建构。这种方式可以更好地突出物体对象的整体特征。

⑤ 色彩情调的重构

色彩情调的重构融合了创作者自己的色彩情感,是基于作者对原有色彩的深刻理解之上的,使得创作重构的物体更有感染力。

2. 色彩的对比和调和

色彩的对比和调和是创作过程中必不可少的环节。如果画面色彩使人容易产生烦躁不悦,那就说明画面对比较杂乱,失去了调和、统一。而缺乏对比因素的调和则不足以发挥物体对象的感染力。

(1) 色彩的对比

对比主要突出物体色彩的差别。在色彩关系上,有强对比与弱对比的区分。比如红与绿、蓝与橙、黄与紫三组补色,是最强的对比色。对比色中加入等量的白色,明度提高但纯度则相应减弱,如加入等量的黑色也就会减弱其明度和纯度,形成弱对比。

① 色相对比

各种色相之间的关系有很多种,如相邻色、对比色、互补色等。这种对比,可以使原来的物体看起来更加不平凡,加强视觉冲击力,起到渲染某种氛围的效果。见图2-3。

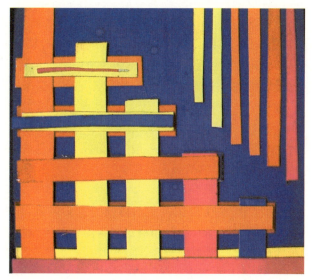

图2-3

② 明度对比

明度对比可以让物体对象呈现出不同的效果,其所包含的因素比较复杂。色调效果受明度对比因素影响。为取得画面的均衡,就不能将明度强的和弱的色彩集中到画面的某一边或某一部位,需要经过色调的交替,使画面通过对照、呼应的方法达到均衡、统一的效果。

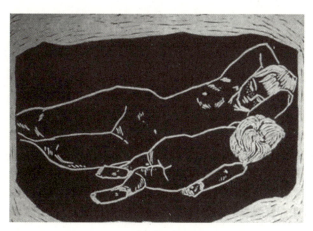

图2-4

图2-4是一幅黑白版画,黑色与白色的对比既突出又简单,体现的是一种优美安详的体态。另外,明度对比与感情表达,也有直接的关系。有些明度的对比会使物体看上去富有生气,例如高明度和低明度的对比。所以,在绘画作品中,明暗对比可以使作品呈现出视觉和心

理上的特殊效果。

③ 纯度对比

纯度对比,是指色彩的鲜明与混浊的对比。一般衬托色如果用的是低纯度色,会使鲜明色更加的引人注目。但是红色和绿色两种对比色在纯度相同、色面积类似的情况下并列对比,效果反而会减弱。

④ 冷暖对比

色彩的冷暖感,是来自人的生理和心理感受。色彩要素中的冷暖,由于人对其感受不同,其对比能发挥出色彩的感染力。当然,色彩的冷暖是相对的,往往是通过对比中体现出来的。冷暖对比,可以有不同的表现形式,一般情况下主体物和背景环境会采用不同冷暖色彩进行主体突出。

⑤ 面积对比

面积对比是绘画创作中的关键因素之一。一般采用的是平面色块穿插的呈现方式。通过色块的穿插,达到一种特别的,有节奏感的画面效果。

(2) 色彩调和

色彩调和是指在创作过程中,往往存在一些不协调的色彩关系,这时候需要将其进行整理、重组、创作,构建出更加完整、统一的,和谐而稳定的画面。对此,通常采用的方法是减弱各种色彩的对比强度,让画面色彩看起来更加柔和。

对比和调和并不矛盾,实际上二者是一种矛盾的统一体。将两者合理地加以运用,才能使整个画面呈现出更加理想的效果。而面对不同情况,在对比或者是调和的选择上也有不同。一般对比色用来反映一种积极的、兴奋的情绪,而调和色调则是用来反映含蓄柔美的情绪。

3. 色彩的设计

在我国的网络贸易平台上,一般都是单一地展示商品,颜色也比较单调。所以通常需要对色彩进行设计,从而更好地体现出商品背景或者凸显道具的作用。色彩设计主要是体现冲突和协调。

冲突是为了突出主题,协调是为了整个画面更趋平衡,有整体感。在商品拍摄中这一点同样适用。同时背景和道具的作用也不可忽视,合理地使用它们可以突出主体,让画面整体更加平衡。

在色彩的设计过程中,采用色相的对比来反映,效果比较明显,一般人都能看出明显的效果。就如使用三原色的色相进行对比就能较为清晰地看出其差异。三原色的对比是最强烈、最直接的,这是因为三原色的每种颜色都没有掺杂其他另外两种原色。如果将间色或者复色增加到画面中或者进行对比,这种对比就会被缓和。

色相对比是将两种或者多种颜色并列在一起,呈现出色相的差异,形成对比以突出重点。色相对比一般又可分为以下几种情况。

同类色相相对比。这种对比主要是指明度和纯度的对比。一般来说其结果比较柔和、统一。通常适用于初学者,易于被掌握。

类似色相相对比。这种对比跨度加强了一些,但总体来说其色差较小。一般常用来体现整体的风格设计。

邻近色相相对比。邻近色对比相对活泼,色彩也更为丰富。但是在使用时对设计者的要求较高,要求设计不能破坏画面整体的平衡感和美感。

互补色相相对比。这种对比的视觉效果最为强烈,也体现了一种色彩的矛盾冲突,从而对设计者的要求和技巧也更加严苛。

在商品拍摄时,如果要表现突出主题的对比,就要选择颜色跨度大、能够引起强烈冲突效果的色彩。

颜色质量对比主要涉及明度和纯度。

明度对比与色相对比在创作中同样重要,缺一不可,只有色相对比,缺乏明度对比,就大大减弱了图案轮廓和形状的表现。

在实际拍摄和创作过程中,往往不会出现纯色的对比,我们称之为间色或复色。这样也会减弱对比,出现的不同色相的杂色越多,则效果减弱就越明显。这就需要在拍摄时,通过自己的选择来降低或是增加杂色,达到最佳效果。除了彩色的色相之外,明暗对比以及黑白对比,都能引起强烈的对比和突出主题的效果。在特定情况下,如果色相的跨度相对较小,也可以通过改变明度来凸显主题。

任务三 商品拍摄构图

【任务描述】

通过以上的学习,初步掌握了色彩的设计与应用的相关理论,能进行简单的商品拍摄。在拍摄时,能根据实际需要,在色彩搭配上做出很好的效果选择。在商品造型摆放上还需要掌握拍摄构图的理论。

【任务实施】

1. 构图的概念与作用

在摄影中,常听到"构图"这个概念,那"构图"指什么呢?构图是对画面元素的一种组织形式,使得画面看起来更加的协调和完整,很好地凸显主题。在商品拍摄过程中,构图非常重要,通过对商品的摆放和对相机的合理应用,对点、线、面、光线、空间等进行合理的布局,可以更好地完成商品照片的构图。

最经典的构图方式是"黄金分割"。这种构图方式不是将物体放在画面的中心对称位置,而是将被摄商品放在黄金分割点上,以吸引观众的注意力。黄金分割的比例为1.618:1,这种构图方式,营造出来的氛围较为和谐,见图2-5。

但是,"黄金分割法"这种构图方式在实际运用中并不容易实现。后来,人们在实践中总结出九宫格构图法,也就是三分法,让黄金分割更加地简洁明了。见图2-6。从图中可见,画面

图2-5

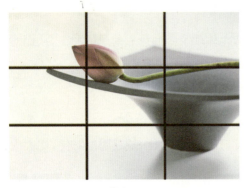

图2-6

被均分成九个方格,上、下、左、右四条边被分成三等份,把对应的点用直线连接起来,可以在画面中形成一个"井"字。"井"字的四个交叉点就是黄金分割点,各条分割线就是黄金分割线。而在拍摄时,一般将商品或想要重点展示的部分放置在各黄金分割点上或者是黄金分割线附近。而在这些黄金分割点中,尤以右上方的交叉点位置最佳。

2. 常见的构图应用

除了"黄金分割法",常见的构图方法还有很多。在此为大家介绍几种在商品拍摄中常用的构图方法。

(1) 均分法构图

均分法构图,是指将被摄主体放置在画面的中间,上下左右基本上保持对称,以便于突出主体,使得整个画面看起来较稳定。一般单独展示某个商品时会采取这种构图方式。当然,适合用这种构图方式的商品本身基本上也是对称的。见图2-7。

图2-7

(2) 三角形构图

线条的组合可以构成面,而面可以表现的范围更大,整体感更强,在构图中更接近物体自身。三角形由三条线段组成,即具有这一特性。

三角形构图也是一种常见的构图样式。三角形结构稳定而均衡,在构图中采取这种方式,可以突出主体,令观众产生心理安全感。在这种构图样式中,如果三角形是正放的,会引起稳固、安定、静默、稳重的感觉。相反,如果三角形是倒放的,将有不稳定、不安定的感觉。而三角形如果斜放,则可以引起冲击、突破、前进等动感。构图不一定都采用正三角,有时也会用到斜三角形和倒三角形。斜三角形构图方式使用的频率比较多,在商品拍摄中,一般在配合模特展示商品时常采用这种构图方式。见图2-8和图2-9。

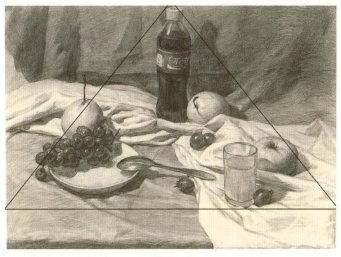

图 2-8

图 2-9

(3) 圆形构图

圆形构图以其圆满、饱满和富有质感的视觉效果取胜。采用这种构图方式,被摄主体常被放置在画面中间部分,观众的视觉焦点一般在圆心位置。例如,拍摄项链或者成套的餐具时,常采用这种构图方式。除了物体本身形态偏向圆形,也可以将商品放置成圆形以达到更好的展示效果。见图 2-10。

在圆形构图中,如果出现一个集中视线的趣味点,那么整个画面将以这个点为轴线,产生强烈的向心力。另外,圆形构图还经常在多件商品组合中采用,这时我们可以通过构图来实现对外形的二次设计。

图 2-10

(4) 点元素构图

点是画面元素中的基本元素,点元素构图一般会结合黄金分割法使用,将点安排在画面中的重要位置,有时能够很好地突出主题。这里的点,并不一定是指一个小点,主要是指相对于背景和画面中的其他元素,点元素明显很突出。见图 2-11。

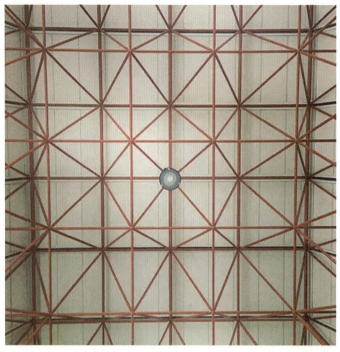

图 2-11

(5) 水平线构图

水平线原本是指,向视线的水平方向看去,天和水的交界线。与之类似的构图方式统称为水平线构图。拍摄时常常遇到的情景有:坐在沙滩上静静地远眺大海;行走在一望无际的大草原上;熟透了的麦田;蝴蝶飞舞的花海等。水平线是线条中最常见的一种,水平线构图最大的特点是画面格外的开阔,视觉效果比较平静。在使用水平线构图时,要尽量保持图画中水平线的平稳,避免由于水平线的倾斜造成视觉上的失衡。但是我们在商品拍摄时,特别是在某个单一商品的室内纯色背景的情况下拍摄,一般不会采用水平线构图,这是因为单一的水平线构图反而显得空旷和不稳定,缺乏立体感。见图 2-12。

图 2-12

(6) 垂直线构图

垂直线在构图时与水平线的作用基本类似，垂直线构图传达给人一种安静、稳定的情绪。垂直的线条象征着庄严、坚强、有支撑力，传达出一种永恒性。

在自然界中很多物体，景色都具有竖线形状的结构。垂直线是向上向下方向延伸的线条，在商品拍摄中，如果是某一种商品在中心时，我们经常采用垂直线构图，特别是具有一定高度的立方体形态商品，比如盒装商品、瓶装商品等。在构图时如果用多条垂直线，有时会出现较有张力的效果。见图 2-13 和 2-14。

图 2-13

图 2-14

(7) 斜线构图

斜线具有动感，能够令人感到激动，增加构图的气势。同时具有斜线的形状在画面中重复出现，会使照片颇具神韵，引起观众的兴趣。在拍摄商品时很少使用单一的水平线进行构图，经常都会使用斜线构图。斜线构图，对角线分明，也符合人们的视觉习惯。

斜线构图还能够增强构图的空间感和透视感，特别是在拍摄单一商品时，使用斜线构图的效果会非常好。在商品展示中，不论是整体展示，还是细节展示，斜线构图都得到了广泛的应用。见图 2-15 和 2-16。

图 2-15

图 2-16

(8) 曲线构图

构图时会经常提到曲线构图，这种曲线看着比较舒服，有些类似字母 S 或者字母 C，所以也被大家简称为 S 形构图或者 C 形构图。曲线构图不但变化多端,而且是表达情感强力、造型能力极强的线条。见图 2-17。

图 2-17

曲线构图是较容易掌握的一种摄影构图方法,并且,在日常生活中也很容易发现素材。典型的 S 形构图,像是两个圆的局部连接起来,具有一种柔性、飘逸、摇摆的感觉,特别适合表现首饰项链等商品的特性。还有一些折线构图,虽然不是 S 形,但也接近 S 形构图的特性,只是柔性相对较弱一些,和 S 形的素材具有的特性极为相似。C 形曲线构图的表现力来自线条的弧度,弧度越明显,张力就越大,因此其重点在于弧度与力度的展现,构图的动感和力量感要强于 S 形曲线。

(9) 引导线构图

引导线构图方法,就是利用画面中的线条去引导观者的目光,让其目光最终可以汇聚到画面的焦点。当然引导线并不一定是具体的线,只要是有方向性的、连续的东西,都可以称之为引导线。在现实生活中,道路、河流、整齐排列的树木、颜色、阴影,甚至是人的目光都可以当作引导线使用。

3. 组合商品的构图

前面所说的构图都是对单一商品的拍摄而言的,但在实际商品拍摄中,经常会遇到不同的商品或相同的商品混合摆放的情况,这就涉及到了多件商品的构图。

(1) 均分的组合

把两件同款的商品摆放在一起,或者是商品本身和其包装物放在一起构图时,就要用到均分的组合。这时,要将两个单体看成两个点元素,在处理时,可以根据商品的具体形状和属性将两个点构成一个整体,把两件单体并靠在一起。见图 2-18。

图 2-18

若两件商品不具有相同的形态,则很少将两者构成一个整体,而是在具体的构图中采用水平线、斜线或者导线交叉的构图方法,以充分展现两件商品的特征。不管采取哪种构图方法,在实际操作中都需要注意实际效果,要注意三分法(九宫格)的结合。

(2) **疏密相间的组合**

在拍摄较多商品时,通常可以将商品分为两组或者三组,将各组商品采用一多一少、一前一后、一远一近的组合来摆放,在摆放时要注意让商品摆放的错落有致、疏密相间。特别是某些商品如果适当地交错或者相连摆放,往往会使构图更加紧凑,主题更加明显,当然在摆放时也要注意三分法(九宫格)的使用。如果把商品分成了三组,也可以考虑三角形构图,或者在三组中把两组较为相近的商品看成一个点,围绕在一个黄金分割点周围,整体构图类似于两组的构图。

(3) **序列感的组合**

当展示的是同一款式但颜色不同的商品时,这就要考虑将不同颜色的商品按一定的顺序摆放,形成序列感组合。在序列感组合中,要注意摆放的序列韵律,需尤其注意构图的简洁,除了中心物体外,最好不要再出现其他物体。在序列感组合时,要注意采用中心对称或者采用斜线、水平线来构图,这样容易形成视觉上的空间感和渐近感。见图2-19。

图 2-19

除了以上所讲的几种组合之外,在实际操作中还经常需要在画面上展示大量的组合商品,这时就要采用散点式组合构图。这种构图是将各元素看做多个点的散布,各点按照一定的空间、距离、方向进行分散式排列,各点在散布时往往结合了其他构图方式特点,注重互相呼应,连绵不断。散点式组合构图需要在实际操作中不断地摸索,总结经验后才能熟练地使用。

项目三　数码相机的基本操作

【项目导读】

前面已经简要介绍了商品拍摄的一些必要知识,相信同学们对商品拍摄的流程相当熟悉了,也可以开始尝试自主实施商品信息的采集了。然而商品拍摄的主要途径就是通过相机进行拍摄,相机的选择和操作对于拍摄商品非常重要,下面我们就来一步步介绍数码相机的有关知识。

【学习目标】

1. 了解数码相机的相关理论,并且能熟练地操作和使用不同款式的数码相机;
2. 掌握数码相机的具体操作流程;
3. 能使用数码相机对商品信息进行采集。

任务一　数码相机的有关知识

【任务描述】

为更好地拍摄商品,首先需要了解数码相机的有关知识。数码相机(又名:数字式相机,英文全称:Digital Camera,简称DC),是一种现代化的摄像手段,利用电子传感器把光学影像转换成电子数据的照相机。

【任务实施】

1. 认识不同类型的数码相机

目前市面上卡片相机、准专业数码相机、数码单反相机和单电/微单相机是四种比较流行的数码相机。

(1) 卡片相机

卡片相机一般是指那些外形上比较小巧、机身比较轻便的相机。见图3-1。

主要特点:卡片数码相机不仅可以随身携带,而且操作简单。它们可以直接放入口袋里,衣服不会变形。甚至女士的小手包也可以容下它。这种相机的功能并不强大,但也可以运用于一些基本的摄影创作。至少对画面的曝光可以有基本控制,再配合色彩、清晰度、对比度等选项,即可进行摄影创作。

图3-1

卡片相机和其他相机区别：卡片相机比较时尚，操作也简单，受到很多年轻人的喜爱。但是其缺点也显而易见，手动功能较为欠缺。

(2) 准专业数码相机

准专业数码相机拍出来的照片画面画质较好，操作性能也比较好。其感光传感器和镜头质量都比较可观，成像效果也比较出色。准专业数码相机在拍摄时可以采用全手动拍摄模式，自由发挥。为了拍摄出物体真实的颜色，准专业相机还可以设置白平衡，从而适应不同的拍摄场合。

在两大类准专业数码相机中，如图3-2和图3-3，其中一类外观和卡片相机相类似，但改善了镜头质量和操作功能，而且它和卡片相机一样具有时尚、便捷、轻巧等特点。如图3-2。

图3-2　佳能

图3-3　富士sl305

准专业数码相机和单反相机相比，在成像、功能上有明显的差距，前者主要优势在于价格，这类相机经常被初学者用于商品信息的采集，能基本满足大部分商品的拍摄。

(3) 数码单反相机

数码单镜反光相机，简称数码单反相机，是一种以数码方式记录成像的照相机，属于数码静态相机(Digital Still Camera, DSC)与单反相机(SLR)的交集。这种相机是当今最为流行的一种款式。其反光镜的设计非常独特，摄影者可以准确地从取景器中看到镜头影像。

数码单反相机换取不同规格的镜头是其最大的特点，而镜头的质量对成像非常重要，而且数码单反相机还具备尺寸较大的感光传感器以及功能较丰富的手动操作功能。见图3-4。

单反数码相机更有利于拍摄，使用起来更加便捷。按下快门按钮时，反光镜会向上弹起，快门幕帘同时打开。这种独特的设计，使得其镜头对焦拍摄，所看到的影像就是胶片上即将成像的影像，有利于直观的取景构图。

图3-4　尼康d90单反相机

(4) 单电/微单相机

单电/微单相机的产生是因为数码单反相机虽然具有良好的图像传感系统，丰富的镜头可供选择，以及其他诸多优点，但是，数码单反相机的体积较大，重量也较大，携带起来很不方便，而卡片相机的成像又不理想。

① 单电

单电保留了单反的大部分构造，但是使用了半透明固定式反光镜，因为反光镜不运动，所以连拍速度很快。相比单反，单电更小、更轻便。见图3-5。

图3-5　索尼a77

② 微单

微单即微型单电，它有着卡片相机的外观，单反相机的效果。

任务二　挑选数码相机进行商品拍摄

【任务描述】

由于计算机显示器的显示精度远远达不到印刷要求的精度，因此，高像素的照片在计算机显示器上并不能纤毫毕现，所以在拍摄商品时，像素并不是最重要的参考条件，除非需要对拍摄的原始照片进行裁剪、放大、抠图等操作。如果要放大，像素越高越清晰，避免了马赛克现象的出现，一般300—500万像素即可。所以，在选择数码相机时，并不需要过分在意像素的大小，反而应该把重点放在传感器、调节模式、拍摄功能、闪光灯等条件上。尤其要注意感光传感器和调节模式这两个最重要的要素。

【任务实施】

1. 合适的感光传感器

感光传感器属于数码相机的核心，用于成像记录，这就是我们在选购数码相机时要重点关注感光传感器的原因。在选购感光传感器时，主要看其面积尺寸，面积尺寸与感光传感器的质量成正比。

数码相机的感光传感器的面积尺寸在市场上主要有全画幅、APS-C、Foveon X3、2/3英寸、1/1.8英寸、1/2.5英寸、1/2.7英寸、1/3.2英寸等。感光传感器的面积尺寸越大，就表明这个相机越专业。

图像感光传感器一般分为CCD和CMOS两种，原理都是在感光二极管内进行光电转换，但是，它们的数据的传送方式不同。CCD传感器储存的电荷信息是一位一位地实施转移后再读取；而CMOS传感器在传送数据时不会失真，方便后期处理，且成本低，功耗小，但是传送距离受限制，所以产生的噪声较大。因此，要先进行放大，再整合数据。

总体来说，CCD传感器发展较早，因此在技术上要比CMOS传感器更有优势，比如成像的质量和色彩的还原度等。但是，我们也不能否认CMOS传感器的作用，在未来发展中，像素值会越来越高，而CMOS传感器也将逐渐成为主流。

2. 曝光模式

曝光模式一般分为全自动曝光模式(AUTO或绿色方块)、程序自动曝光模式(P)、快门优先曝光模式(S或TV)、光圈优先曝光模式(A或AV)和手动曝光模式(M)等。

(1) 全自动曝光模式(AUTO)

在这种模式下，大多数设置由相机自动决定。见图3-6。

(2) 程序自动曝光模式(P)

P模式下，相机能够自动设置快门速度和光圈值，我们可以手动调节曝光补偿、白平衡、感光度等参数。见图3-7。

图 3-6

图 3-7

(3) 光圈优先自动曝光模式(A 或 AV)

A 模式与 S 模式相反，A 模式下可以手动设置光圈值，然后相机会自动设定快门速度以获得正确的曝光，利用这一机制我们可以有效控制景深的大小。见图 3-8。

(4) 快门优先自动曝光模式(S 或 TV)

在 S 模式下，手动设置快门速度，然后相机自动设定光圈值以获得正确的曝光。这一模式多用于拍摄动态的物体。见图 3-9。

图 3-8

图 3-9

(5) 手动曝光模式(M)

手动模式(Manual Mode)，又称 M 模式，在手动模式下，可以手动设定快门速度和光圈值。见图 3-10。

这与自动模式相反，自动模式是指相机的所有设置都是一开始就决定了不能修改的，而手动模式则是指拍摄者可以根据需要，对光圈值或者快门速度等进行调整的模式。在手动模式下拍摄出来的画面与拍摄者所希望得到的画面是一致的，所以在选购相机时，一定要重点关注是否有手动模式。尤其对于商品拍摄来说，手动模式可以更加灵活地对光线进行控制，特别是我们使用人造光源在室内进行拍摄时，手动模式是必不可少的要素。

图 3-10

任务三　数码相机的操作要点

【任务描述】

正确的摄影姿势是拍摄的基础,也是初学者必须掌握的技能。拿稳相机是最重要的,相机拿不稳,就容易抖动,拍出来的画面就会模糊。见图3-11。

图3-11

有时候在拍摄时,拍摄者本身并不稳定,所以需要一些动作技巧来提高拍摄的质量。例如,拍摄时,身体需要放松,双脚微微分开,双肘夹紧身体。两只手同时托起相机以保持平稳,一只手托住镜头,注意调整焦距。

卧姿很适合拍摄风景或者是微距照片。夹紧肘部可以适当地减少镜头的晃动。当然,在采用卧姿拍摄时,趴下之前需要先看清地面的情况。

站立姿势是一种基础的且常见的姿势。半跪姿势可以提供更好的支撑。这种姿势下可以将肘部支撑在膝盖上以保持平稳。

学会了正确的拍摄姿势后,就可以按照"设定参数、取景、按快门"三部曲使用相机来进行拍摄了。

1. 设定参数

设定参数:这个步骤是在了解相机的基本使用方法的基础上进行的。

2. 取景

取景:在选择好拍摄对象后,就是取景了。首先可以先在LCD液晶显示屏上观察拍摄主体,便于取景,通过眼睛与显示屏垂直的角度观察并控制按钮,进行缩放调节确定最终效果,就可以按下快门了。

3. 按快门

按快门:按快门可理解成电脑中的回车确认键,按下快门完成摄像。

完成了以上三个步骤,就可以拍摄出一张清晰的照片了,但这只是对数码相机的初步了解和使用,要想拍摄出更加完美的照片,还需要熟悉数码相机的各种功能,以及会熟练地运用各种摄影技巧。

【任务实施】

1. 相机的初始设置

(1) 设置日期和时间

启动相机后,最先要做的事情就是设置好时间。这一步很简单,也容易遗忘,但是会为后期的工作带来很大的便利。

(2) 格式化存储卡

一般用于新买的相机。一方面能清空存储卡内的所有文件,释放存储空间,消除病毒等潜在危险,另一方面可以消除系统不兼容等问题。

(3) 设置自动关闭时间

相机有一段时间没有操作时,设置了自动关闭时间,液晶显示屏和电源便会自动关闭。这样可以提高电源利用率。

(4) 设置图像品质

分辨率和压缩比会影响图片的大小和清晰度。我们对照片进行质量选择时,如果选择了"经济",就增加了照片的压缩比,图像细节信息损失很大,也就是说图像放大后,边缘不平滑,所以设置时使图像品质越高越好。

(5) 设置图像尺寸

最大的可用图像尺寸设置,可以拍出最高的图像质量,方便打印大尺寸照片和输出高分辨率。另外也能轻松地调整图像的大小,随意地裁剪图像,在让图像变小的同时能保持原始内容的完整。

(6) 设置优化校准

其他模式都是通过相机内置软件对照片色彩进行加工,而商品拍摄需要客观真实地反映商品情况,因此,设置优化校准。

2. 取景

取景需要对焦距进行调整。

(1) 焦距

焦距,一种衡量光的聚集或发散的度量方式,是指从透镜中心到光聚集之焦点的距离,不同的焦距会影响物体的成像效果。焦距一般都有一定的范围。见图3-12。

图3-12 不同焦距下的图像效果

(2) 视角

视角是指相机可以拍摄画面的角度。当镜头的焦距较短时,画面拍摄视角就较大,收取的内容就更广阔、丰富。当镜头焦距变长时,镜头的焦距拍摄角度就逐渐缩小,收取的画面内容也就会逐渐缩小。见图3-13。

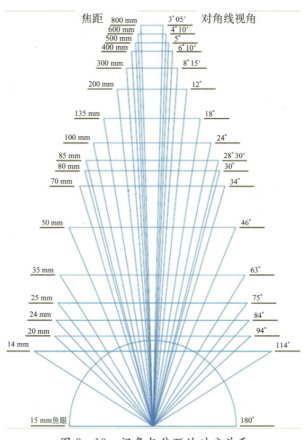

图3-13 视角与焦距的对应关系

3. 按快门

按快门的关键是两段式按快门,也就是先半按快门对焦,这时取景器或者液晶显示屏上可以看到对焦提示,一般情况下,数码相机常以绿框表示对该区域对焦成功。若对焦有问题,则以红框显示。在单反相机中,红点显示则表示对焦成功。对焦成功后再按下快门就完成一次拍摄了,拍摄时应保持自身的稳定。

任务四　数码相机的性能特点

【任务描述】

了解数码相机的性能特点才能更好地指导实践,要拍出理想中的作品就要理论和实践相联系。

【任务实施】

1. 正确的曝光控制

前面具体学习了如何设置日期、时间,如何掌握图片品质、尺寸,学会了如何取景和按快门。那么可以开始去拍摄商品了,但这时新的问题又出现了,很多新手在影室灯下,拍摄出来的商品不是过亮就是过暗,这是怎么一回事呢?原因是没有控制好曝光,那么如何合理控制曝光呢?

曝光是指照相胶片或感光纸在一定条件下的感光能力。下面介绍一下决定进光量和感光量的要素,这是确保照片达到适当亮度的关键。

(1) 决定进光量的因素

① 光圈

光圈用于控制光线的量。光线通过光圈,透过镜头进入机身。见图3-14。

图 3-14

光圈大小由单位时间的进光量决定,见图3-15。一般用F值表示,F值越大,光圈越小,则单位时间的进光量就越少。F值越小,光圈越大,则单位时间的进光量就越多。此外,光圈大小还可以决定采用背景清晰或者虚化的手法进行拍摄。如果光圈越小,景深越深,清晰范围则越大;反之,光圈越大,景深越浅,清晰范围则越小。见图3-16和图3-17。

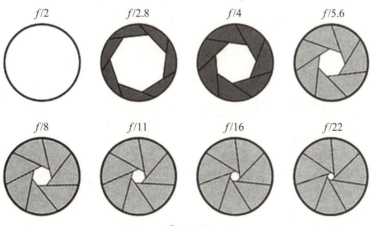

图 3-15

图3-16 大光圈

图3-17 小光圈

把光圈适当的缩小,可以按照需要扩大拍摄范围,而把光圈放大则可以缩小聚焦范围,也就是光圈大小影响景深的深浅。

如果数码相机备有变焦镜头,那么在拍摄单一人物或物体时,可将光圈放大,使用增距镜头来拍摄。这样拍出的效果使得背景模糊虚化,可以把目标对象能清晰地凸显出来。但是,如果拍摄的是风景,且镜头内想要容纳较近距离的景物,又想包含远方的景物,则可选择把光圈调到最小,使用广角镜头进行拍摄,这样一来,拍出来的远近影像都可以清晰地表现出来。不过,当光圈调节到最小时,快门的速度会减慢,相机容易发生晃动,这一点要注意。

② 快门

快门是照相机镜头前阻挡光线进入机身、让光线在一段时间内照射到感光面的装置,快门的作用主要有调节曝光、展现被摄对象的动态以及防止相机晃动。一般要求快门时间的范围越大越好。快门打开的时间表示快门速度。例如,1/60表示快门打开时间为1/60秒。

那么,光圈和快门之间有什么关系呢?综上所述,进光量是由光圈和快门共同决定的。见表3-1。

表3-1

光圈F	32	22	16	11	8	5.6	4	2.8	2	1.4	1.2	1
快门S	1/2	1/4	1/8	1/15	1/30	1/60	1/125	1/250	1/500	1/1 000	1/2 000	1/4 000

在手动模式中,如果被摄物体呈现动态,则可以减慢快门速度,否则只能拍摄物体瞬间静止的动作。但是,快门速度过慢会导致相机晃动,降低拍摄质量。一般情况下,最佳拍摄快门速度为1/30秒。

当开启外置闪光灯时,闪光与快门的同步问题需要引起关注。快门速度一般控制在1/125秒至1/250秒之间,当使用闪光灯时,如果快门速度大于这一个区间,就会导致快门与闪光两者不同步。

(2) 决定感光量的因素

决定感光量的因素是感光度。常用ISO表示,表示对光线的敏感程度。例如,在展馆等精致场所用闪光灯拍摄,只能拍出模糊的图片,这时可以通过调节感光度来优化拍照效果。ISO感光度有100、200、400等值。

ISO数值越大,感光度则越大,所需光亮就越小。例如,ISO400所需的光量是ISO200的一半。ISO 数值增大，会使画面颗粒感明显，画面粗糙，因此，当光线较好时，尽量使用小的 ISO 值以获得较高质量的画面。但是，当拍摄夜景时，虽然整体光线较暗，但是由于被摄体的光亮少，相较于白天更容易产生噪点，所以反而要将 ISO 感光度设置得较低。

任务五　数码相机的应用

【任务描述】

摄影是技术和艺术的结合。配合实际环境和被摄对象的需要，合理地调节相机的各个要素，才能拍摄出最佳效果。

【任务实施】

1. 人像拍摄

在拍摄有人像模特配合的商品时，一般将数码相机根据镜头的具体情况设定大光圈，以达到虚化背景、突出主体的效果，见图 3-18。调整曝光和色调，拍摄出最好的效果。此外，在拍摄时往往采用连拍模式，能够更好地捕捉到人物的表情。

图 3-18

2. 环境拍摄

在拍摄需要环境烘托的商品时，一般把数码相机的光圈值尽量调大，以达到加大景深的目的。在 A 档模式下，优先调节光圈。当选择大光圈值时，景深也相应地变大，前景和背景都很清晰。这种模式能够对色调进行自动调整，一般在自然照明环境中对静态物体进行拍摄使用。见图 3-19。

图 3-19

3. 微小物体拍摄

拍摄微小物体时,采用微距模式。这种模式下,缩小相机光圈值,能够较好地保证背景的虚化程度,从而更好地突出被摄主体。在商品拍摄中,一般这种模式用于拍摄食物、饰品等,拍摄距离和对焦距离越短越好。见图 3-20。

图 3-20

4. 运动物体拍摄

运动模式采用较高的快门速度去拍摄运动的瞬间。在该模式下,数码相机会使用中央对焦点跟踪被摄物体,同时相机会自动提高 ISO 感光度来保证快门速度。另外,连拍模式便于提取最佳的照片。在这种模式下,最好使用远摄镜头来拍摄,以免镜头发生抖动影响拍摄效果。见图 3-21。

图 3-21

5. 夜景拍摄

夜景模式下的拍摄由于环境光较暗,需要开启慢速、闪光同步功能,闪光灯照亮被摄主体,慢速快门使得背景画面获得充分的曝光。但是快门速度过低可能会引起相机晃动,为避免这种情况,应适当地调整 ISO 感光度,也可以使用三脚架以获得更好的拍摄画面。

项目四　商品拍摄的要求

项目导读

了解了相机的基本构成及应用技巧,下面要做的事情就是对商品进行拍摄了。但是拍摄过程并非简单地拍照即可,其中涉及很多细节方面的要求。具体有哪些方面需要注意呢?本章将为大家介绍。

学习目标

1. 掌握小件商品拍摄的光源布置;
2. 掌握小件商品拍摄光源的使用技巧;
3. 掌握小件商品拍摄的尺寸大小、拍摄要求、色彩搭配等。

任务一　小件商品拍摄的光源布置

【任务描述】

在拍摄小件商品前首先做好准备工作,才能使拍摄过程顺利进行。先确认商品的数量和质量,注意对同一商品的不同型号有序摆放,做好场地的布置,对拍好的照片进行登记等。做好这一系列准备工作之后再考虑商品的拍摄技巧、光源的布置、角度的设置等。

【任务实施】

1. 准备工作

首先,按照商品拍摄的要求,对商品进行分类。拍摄实际上是光的艺术。所以,对商品进行分类就是对光线的作用性质进行分类,一般按照先简单后复杂的顺序进行拍摄,性质相似,可以用同样的拍摄设置的商品归类在一起以便于操作。

其次是对拍摄场地的整理,要保持环境的整洁有序,不能有污渍。根据被摄对象的特点,对拍摄过程中所要用到的道具和设备整齐地摆放。

最后要给每一件商品做属性记录日志。对于初学者来说可以制定拍摄方案,例如角度设计、卖点总结等。见表 4-1。

表中,"商品拍摄编号"是对该商品拍摄活动的统一命名,以便于查找,同时可以和相应的存储文件夹同名,命名时要唯一,与其他商品区分开来,命名规则可以采用时间、人员、次序相结合的方式进行。例如,某商品的信息采集编号命名为"20160816xw06wj006",就是 2016 年 8 月 16 日小王拍摄的第 6 组文具的第 6 件商品,存放该商品图片的对应文件夹名称可以相同。

表 4-1

项 目	说 明	备 注
商品拍摄的编号		用存储文件夹来命名
商品货号		商家提供
商品名称		
商品拍摄样品		数量
商品采集环境		室内/室外场地
商品采集台		
背景布		
影室灯		
拍摄重点		自己归纳
该商品局部镜头		完成商品局部镜头的拍摄后,需要填写文件名。
拍摄人员		
拍摄时间		

"商品货号"是商家提供的。"商品名称"可以由商家提供,也可以由采集人员命名,为了方便后期查找和处理,命名尽量详细,不一定要与上架时商品的命名一样。"商品拍摄样品"为提供的样品数量。"商品采集环境"是指室外拍摄还是室内拍摄。"商品采集台"是指拍摄过程中使用的采集平台,比如静物台、桌子、挂架等。"背景布"要说明是使用哪种颜色或材质的背景布或者背景纸。"影室灯"是指采用瞬间照明或者持续照明的灯光以及数目。"拍摄重点"指的是在拍摄过程中需要突出表现的要点,比如,"两支笔横放、两侧光照明"。"该商品局部镜头"指的是被摄商品除了正面的整体图片之外,其余细节部分图片的命名和数量,命名一般是拍摄完成后统一处理的。"拍摄人员"是指实施拍摄的工作人员,可以包含助手或者模特。"拍摄时间"是指实施拍摄的具体时间,例如,"2016年8月16日10:30"。备注中可以注明一些特殊的需求。例如,当拍摄人员认为样品数目不能满足拍摄需求时,可以在备注中注明,要求增加。若需要使用三脚架,也可以在"商品采集台"的备注栏中注明。

2. 拍摄要点

在拍摄小件商品时,一般使用标准焦距以及长焦距进行拍摄,以便取景和调节景深。这样的焦段也比较贴近人眼的视角,和人眼看到的效果很接近,能够比较真实地反映商品的形态。

此外,在拍摄时商品的不同摆放形式以及构图设计也会对呈现出来的效果造成较大的影响。见图 4-1 和图 4-2。同一件商品,摆放的形式不一样,显示出的视觉效果也会大相径庭。

图 4-1

图 4-2

对于小件商品的摆放和构图来说,一般可以从几个方面考虑:

(1) 摆放角度

摆放角度的小调整可能会带来视觉效果的大变化。商品的摆放角度一定要遵循人们的视觉习惯,此外要对视觉起到一定的引导作用,引导人们将视线集中在被摄主体上,集中于想要展现的重点部位上。

(2) 重构外形

商品外形是固定的,但是在拍摄时可以通过摆放造型或者是塑造形状来改变其呈现出来的视觉效果,这种改变叫做重构商品外形。例如,把一件衣服挂起来或者是穿在模特身上,看起来会比叠在一起的效果好。

(3) 背景搭配

背景起到烘托环境、突出主题的作用,合理的背景搭配可以传达一种特定的风格。

(4) 组合商品

商品效果呈现的方式有许多种,不仅可以单个摆放,还能进行组合摆放。有时候商品单一摆放时会显得单调,如果把相同或不同款式和颜色的商品按照一定的疏密、序列等进行错落有致的搭配摆放,会发现呈现出来的效果是更能吸引顾客目光的特殊美感。

(5) 细节特写

很多商品在呈现时并不能仅通过一张正面的完整的图片就能展示出商品的全部特点,还需要对其内部或者是部分细节进行分解特写展示,以便于顾客深入了解。对商品局部要点的特写,可以清晰地展现商品的细节样式、材质、做工、功能等。

3. 光源布置

(1) 室内自然光

将准备工作做好以后,接下来就要给拍摄商品布置光源。这里需要考虑两种可能情况,一种是有充足的室内自然光的时候。假如使用室内自然光来进行拍摄,看着简单方便,但实际操作极易出现问题。一般室内自然光是从户外透过门窗等射入室内,方向固定,容易使被摄物体的受光面形成明显的阴暗对比,不利于完全呈现商品的色彩。对于采集者来说,对光线的运用自由度也受到了限制。

要改善这种状况,需要调整拍摄角度,调整拍摄对象与门窗的距离,从而改善被摄对象表面的受光条件。此外,合理地利用反光板也可以适当地缩小商品的明暗差别。总体来说,自然光源如果使用得当,可以让拍摄商品真实地呈现给顾客,周围环境看起来更逼真。

(2) 人造光源

人造光源相比较室内自然光能够更好地呈现商品效果。人造光源是利用各种灯具发出的光,可塑性强,可以根据商品的实际情况和拍摄需求对光源的位置和灯光的照射角度进行调整。

要合理地运用各种光照展示商品的特征,就要先了解不同位置的光线能够产生的效果。侧光可以较好地呈现出商品的立体感和形态,侧逆光则对商品质感的展示非常到位,逆光的角度转换既能凸显商品的轮廓还可以展现出透明商品的透明感。对于小件商品来说,大多情况下采用侧光照明。这种照明方式能够产生明显的强烈对比,商品的影子较长,造型效果明显。一些外形扁平的小件商品,例如笔、橡皮等,一般适合用两侧光照明。在光源布置时,两盏灯位置与拍摄台间距基本相等,通过灯架调节两盏灯的高度,使得原本修长强烈的影子得到淡化,较好地展现各方面的细节。一般将左侧光源设置为主光源,右侧设置为辅助光源,这样设置形成的阴影效果比较符合自然视觉习惯。

而对于有一定高度的小件商品,例如文具盒、笔筒等,则可以采用两前侧光照明。将两个影室灯分别放置在相机两侧45度角的位置,投射出来的光线全面、均衡、柔和,商品不会有暗角,且能很好地展现出立体感。有时由于商品高度的需求,也可以采用高位前测光照明。也就是将光源调整到高位。具体做法是将单个前置光源灯架升高,直到超过被摄对象的高度,然后将影室灯向下调,在被摄对象表面形成一个倒三角形的光区。这种布光方法呈现出来的光线明暗变化符合人们的视觉习惯,能够更好地体现有一定高度的商品的质感和真实感。

任务二　小件商品拍摄光源的使用技巧

【任务描述】

在商品拍摄时要正确合理地布置各种类型的光源。要正确地布光,需重视使用光线的先后顺序。首先,主光的运用至关重要。主光是全部光源中最具有主导地位的光线,可以很好地塑造出被拍摄的主体。一般主光布置好之后,灯位就不再轻易移动。然后是辅助光,辅助光的作用在于合理地利用空余调整主光作用下形成的反差。一般把辅助光源安排在相机附近,照射角度需要适当高一些,这样可以降低被摄主体的投影。确定好辅助光,还需要考虑轮廓光的使用。轮廓光一般放置在商品的左后侧或右后侧,且灯位较高。此外,还需要根据具体拍摄需要,考虑使用背景光、底光等其他光线。

【任务实施】

不同商品的表面结构决定了光线运用的区别。

1. 吸光类商品的拍摄

吸光类商品表面结构粗糙,例如,皮毛、棉麻、食品、橡胶、雕刻等,其质地软硬不一,但是表

图 4-3

面均是粗糙不光滑。见图 4-3。这类商品的拍摄大多采用侧光或者侧逆光照明,以突出商品表面明暗起伏的结构变化,突出商品的质感。拍照角度应适当地放低。而对于裘皮、石雕等表面非常粗糙的商品来说,应该用很硬的直射光照明,这种锐利的光线可以在商品表面产生细小的投影,增加商品的立体感。

在拍摄吸光类商品时,常将主灯安置在商品的右前方,启用闪光灯,同时为闪光灯加装反光罩。顶灯安置在商品的左上方,为了使商品受光均衡,可在闪光灯上加装柔光箱。背景灯安置在商品的右后方,通常会为闪光灯加装标准反光罩、挡光板和蜂巢,以控制背景的照射面积及亮度。

2. 反光类商品的拍摄

和吸光类商品正好相反,反光类物体表面平滑,例如,瓷器、漆器、金银器等商品,光线照射在物体光滑如镜的表面上会有非常强烈的反射现象,从而使照射的光线发生改变。见图 4-4。所以在拍摄这种类型的商品时,要使用柔和的散射光线进行照明。

图 4-4

拍摄反光类物体时,通常让其出现反差视觉效果,为了表现商品表面的光滑质感,一般采用大面积照射光。在布光时,最关注的是对于反光效果的处理,因为反射在商品表面的白色线条有时可能不均匀,为了使视觉效果看起来更加真实,必须保持渐变效果。有时也会借助较弱的直射光源降低反光表面出现的高光效果。而对于一些表面有圆弧形的商品来说,在拍摄时常使用黑色或白色卡纸打反光,这样可以凸显商品表面的质感。

在布光时,主灯一般安置在被摄商品的右前方,照射角度为 45 度,闪光灯上加装柔光箱。辅助灯安置在被摄商品的左侧,闪光灯同样加装柔光箱,以对商品暗面进行补光。背景灯安置在被摄商品的右后方,闪光灯上加装标准反光罩、挡光板和蜂巢,以勾勒出商品的轮廓,同时照亮背景。

3. 透光类商品的拍摄

透光类商品具有代表性的有钻石、玉器、玻璃等。透光商品既有反光性又有透光性。见图 4-5。在拍摄中使用侧逆光、侧光、底光照明方式。这种拍摄方式下,光线穿透商品时因厚度不同会产生光亮差别,从而凸显商品清澈透明的质感。

图 4-5

透光类商品在拍摄时,由于光线能轻松地穿透商品,所以一般采用折射光照明,以表现商品玲珑剔透的质感。主光灯需要放置在商品的侧前方,并加装一个柔光箱在闪光灯上。辅助灯安置在商品的左侧,同样用加装了柔光箱的闪光灯进行补光,同时还可以减弱由于主灯照射而产生的阴影。轮廓灯安置在商品的侧后方,闪光灯加装标准反光罩、挡光板和蜂巢,用来控制光的走向和光照范围。

任务三 小件商品拍摄的基本要求

【任务描述】

商品拍摄要求能够吸引顾客的注意力,既要满足顾客详细了解商品的需求,还要激发顾客的购买欲。因此对于拍摄过程的要求格外严格,采集到的素材往往还需要进行一系列的整理和修饰,最终才能使用。图片的拍摄效果直接影响到商品销售,拍摄一张优质商品图片,为后期处理过程节省了大量时间,也为网店的成品销售奠定了良好基础。

【任务实施】

1. 照片尺寸

为了提高网页浏览的速度,拍摄出来图片的尺寸大小需要进行适当地更改。一般网店对各个区域的图片大小都有相对应的规定,符合规定的图片才能正常地显示。一般来说,展示商品的尺寸是500×500(像素),大小在120KB以内,格式为.jpg或.gif。但是用数码相机拍摄的照片像素一般都较大,所以后期对图片的处理就很重要,最常用的图片处理软件是Photoshop,主要的处理要素有:图片宽度、高度、分辨率等。见图4-6。

图4-6

通过设置这些要素来改变图片的大小。当然也可以用Photoshop里的"裁剪工具"截取图片中的局部图像,这种方式也可以改变图片的大小。见图4-7。

图4-7

现在电商对网店使用的商品图片要求非常严格,所以更需要使用Photoshop对图片的大小和格式进行调整。调整好后可以在"另存为"对话框中的"保存类型"选项的下拉列表中选择文件格式进行保存,也可以用"储存为"菜单命令将图片重新存储。见图4-8。

图4-8

2. 拍摄要求

首先从电子商务平台上的同类型商品进行分析,然后来了解商品拍摄的要求。不同的商品根据实际需要有不同的拍摄要求。总体来说,要充分全面地将商品展示给顾客,需要综合考虑商品的整体情况及局部细节。

(1) 整体要求

商品的整体,主要是指呈现给顾客的第一印象。通常是一张完整的正面图片。一般要求商品比例为视觉整体的85%以上。

根据商品不同的拍摄需求,拍摄前商品的摆放就十分重要。有些小件商品适合单一拍摄,以凸显主体,这时商品的摆放位置可以中规中矩的摆放,也可以稍微斜着摆放以增加画面的活泼感,可根据具体商品的需求而定。但是有些商品单一拍摄会显得过于单调,这时就需要将同类商品的不同样式或色彩混合搭配摆放,以优化视觉效果。例如,将几支同类型的笔交叉摆放,拍摄出来的效果优于单独一支笔的拍摄效果。见图4-9和图4-10。

图4-9　单支笔拍摄

图4-10　多支笔组合拍摄

此外,搭建拍摄时的环境会对商品呈现出来的整体效果产生巨大影响。环境向人们传达着一种氛围和风格,适当的借助环境和道具,可以使商品呈现出来的效果更加真实完整。

(2) 细节要求

商品整体的展示之后,还需要展示商品细节。商品细节图,就是对商品局部的特写。商品细节的展示可以对商品整体展示起到补充作用,方便顾客更加完整地了解商品的特点。一般来说,一种款式的商品除了整体展示图,还需要三张以上的细节图。

近距离拍摄手法适用于商品细节图,微距拍摄出来的图像大小会比商品的真实尺寸稍大,拍摄效果需清晰,细节要素应占据整张图片的主要位置。通过对细节的展示,既要满足顾客全面了解商品的需求,也要很好地展示商品本身的优势。此外,有些商品的功能也要通过细节图全面的展示。例如,展示笔的时候,要体现其书写流畅度和笔芯的粗细、弹性等。

在微距拍摄时,因为商品和相机的距离很近,相机可能会有晃动从而造成图像模糊,为避免这类情况的发生,可以将相机固定在三脚架上,同时适当的提高快门速度。此外,因为相机本身会遮挡周围的光线,被拍摄物体可能没有足够的曝光,所以需要特别注意对商品的照明。

3. 色彩要求

在拍摄商品时,需要对商品的色彩进行还原,还原的重点在于真实并且与背景要有较大的对比反差。

在调整色彩的时候,亮度也是其中很重要的一个要素,可以通过调整曲线、对比度和色阶等参数改变图像的亮度。

受环境光线和白平衡设置不当等问题的影响,拍摄出来的商品照片的色彩和人眼所见到的效果会有所区别,因此后期的处理很重要。通常调整的参数有"色彩平衡"、"色相"、"饱和度"、"黑白"等。色彩平衡的调整能够单独对照片的高光、中间调或阴影部分进行色彩的修正,通过添加过渡色调的相反色来平衡画面色彩。色相和饱和度的调整得到的效果更加显著。"黑白"命令是指将彩色图像转换成灰度图像,可以对各种颜色的明暗进行细微的调整。

4. 实战操作: 笔筒的拍摄

(1) 目标

能使用相机拍摄小件商品。包括设计和填写商品信息的采集拍摄登记表;设计商品拍摄环境;熟练地使用数码相机拍摄商品的整体和细节部分。

(2) 环境要求

拍摄在室内完成。基本设备包括:静物台一个、白色背景纸、影室灯、笔筒样品、清洁布、笔等文具若干。

(3) 操作步骤

① 做好拍摄前的准备工作,并填写拍摄登记表

做好现场的整理工作,包括环境的布置,道具的准备,检查拍摄样品,填写拍摄登记表,白色背景的准备,将文具与笔筒搭配好。

② 设计拍摄环境

检查笔筒样品,分析光源特性。如果样品是木质品,属于吸光类商品,可以按照相应的光源设计进行处理。由于笔筒属于小件商品中有一定高度的物体,可以采用两前侧光照明方式。布置好静物台,放置好白色背景纸或背景布。安置好两盏影室灯,加装柔光箱,其中一盏作为主光源,可将灯架适当升高。另一盏作为辅助光源,起补光作用。

③ 准备数码相机

先对数码相机进行检查,仔细检查电源和存储卡,检查相机外观以及清洁问题。然后开启相机,检查其语言模式、日期和时间、待机时间、图像品质、感光度等参数。设置完白平衡后,调整相机到手动模式。

④ 摆放笔筒造型

按照前面学习的内容,对笔筒样品进行整体的造型。正确地将笔筒摆放至看起来自然舒适的位置,为了拍摄效果,也可以将笔筒稍微倾斜摆放。

⑤ 试拍以及调整方案

前期准备工作做好后,可以进行试拍。然后观察试拍的商品图片效果,并对光源、景深和白平衡等进行再次调整。要使商品表现得饱满,同时为了后期处理的方便,商品周围也要适当留白,因此可以通过改变焦距来完成。

⑥ 对焦拍摄

　　试拍后需要调整方案，然后设置好相机的快门和光圈等。设置好光圈值后，通过相机进行对焦拍摄，预览拍摄效果。

⑦ 多次拍摄

　　为了选择最合适的图片效果，需要对商品进行多次拍摄，同时可以对拍摄位置进行微调。

⑧ 细节拍摄

　　拍摄完笔筒的整体外表后，非常重要的还有对细节的拍摄。在展示笔筒内部结构时，通常先展示空的笔筒，令顾客能够清晰地观察笔筒的做工等，再通过添加笔等道具展示笔筒的使用情况。

⑨ 完成拍摄

　　拍摄完成后，再次预览照片，检查是否都采集完成。之后填写拍摄登记表，完成拍摄。

项目五　金属制品的拍摄

【项目导读】

金属制品属于反光类商品,在进行拍摄时光源的布置尤为重要,而且往往要借助辅助道具完成拍摄。在拍摄之前先填写商品拍摄登记表。

【学习目标】

1. 掌握反光特性的商品拍摄的要点;
2. 掌握金属制品拍摄环境的搭建;
3. 掌握金属制品拍摄的技巧。

任务一　金属制品的拍摄要点

【任务描述】

由于金属制品的特殊性,在做准备工作时,除了基本的拍摄设备,还需要准备柔光棚、黑色纸以及清洁布。本文我们以不锈钢保温杯的拍摄为例进行说明。表5-1是商品拍摄登记表。

表5-1　商品拍摄登记表

项　目	说　明	备　注
商品拍摄编号		存储文件夹命名
商品货号		商家提供
商品名称		
商品拍摄样品		数量
商品采集环境		室内/室外场地
商品采集台		
背景布		
影室灯		
拍摄重点		自己归纳

续表

项 目	说 明	备 注
该商品局部镜头		拍摄完成后填写文件名
拍摄人员		
拍摄时间		

【任务实施】

1. 反光类物体的拍摄要点

反光类物体是指商品表面反光比较强烈的物体，其特点是不会出现柔和的、渐变的明暗过渡。强烈的反光会对拍摄造成干扰，所以一定要注意对反光的控制。反光主要有三种类型：直接反射、漫反射和眩光。眩光是室外拍摄时在阳光下产生的，它是由于光线的角度不同，以及在环境中反射后在镜头中产生了不同的杂光而产生的。这种反射现象一般在室内拍摄时不会出现。

直接反射和漫反射是室内商品采集主要控制的反射光。直接反射，也就是镜面反射，一束平行光射到平面镜上，反射光是平行的。见图5-1。在拍摄时要避免镜面反射光线进入摄像机镜头，因为反射光太强，会在图像上产生一片白色亮点，影响物体本身的呈现。

漫反射是指由于物体表面的不平整，投射到其表面的光线向不同的方向无规则地反射。这也是绝大多数物体所呈现出来的反射状态，例如光线照射到白色纸上，白纸会被照亮，但不会刺眼，就是因为白纸虽然表面看起来很光滑，但实际上其表面也是凹凸不平，产生了漫反射。

图5-1

在室内进行商品拍摄时，要控制好反光，以消除不当的反光干扰因素，尤其是拍摄反光类的物体，其干扰因素更强。见图5-2。

左图中的手表表面由于反光的干扰，影响了内部指针的显示。可以从商品的摆放角度、相机接受反光的亮度等方面加以控制来解决这个问题。角度的适当改变可以使商品的反光发生改变。角度改变的同时，影室灯光线的投射角度、相机的角度等都将相应地发生改变。这当然也会造成原有商品构图的改变。所以，要减少构图改动，通常利用升高或降低光源、相机或者在原地移动商品的摆放角度。另外一种比较好的处理方式是降低反射的强度，通过

图5-2

图 5-3

控制影室灯的功率或者调整相机的曝光设置来完成,也可以采用拉远光源与商品间的距离这一简单的方法。

除此之外,消除过强的反射光可以使用偏振镜。偏振镜,也叫偏光镜,是镜头相机中的一种配件滤镜。见图 5-3。

偏振镜的作用是选择性地让某个方向振动的光线通过,这样可以减弱甚至是消除非金属表面的强反光,达到减轻或消除光斑的效果。偏振镜在使用时可以旋转,由于减弱了进入镜头的光线亮度,所以要相应地调整相机的曝光设置。

除了偏振镜外,商品拍摄中常常用到的滤镜还有 UV 镜、近摄镜、星光镜、减光镜、渐变灰镜、渐变色彩镜、柔焦镜等。最常用的是 UV 镜,也就是紫外线滤镜,一般单反相机里都会配备这种滤镜。现在常用的 UV 镜有普通的 UV 镜和多层镀膜 UV 镜。其最初的作用是过滤紫外线,从而消除对成像的影响。但是在数码相机中,紫外线对图像的影响已经逐渐减弱,UV 镜更多地被用来当作镜头保护罩,以减少灰尘和颗粒物进入镜头。近摄镜可以作为微距镜头的替代品。星光镜一般做修饰作用,其能够产生星状闪光的效果。降低进入光圈的光线长度可使用减光镜。渐变灰镜、渐变色彩镜和柔焦镜主要是用在封景和人物拍摄中。在使用时要注意的是,滤镜是安装在镜头上的,所以滤镜尺寸要和相对应的镜头尺寸相同。

2. 反光类物体的拍摄方案

反光类物体在拍摄时不应该让光源直接投射到物体表面,而应该让光源柔和扩散,形成面积较大、反差较小的反射光线。此外,光源的形状以形成长条状光斑为最佳,其对应的柔光箱外观形状则应为矩形。光斑的数量为 1 至 2 个为佳。关于光斑位置的调整可以通过移动布光的灯位来实现。图 5-4 所示为采用两前侧布光的带矩形柔光罩的影室灯的拍摄效果。

拍摄时将周围的景物或色彩映射在反光类物体的表面属于正常现象。在拍摄前要先将拍摄现场清理干净,拍摄时使用中长焦距,这样相机与被摄对象间有一定距离,可以减轻映射的干扰。

图 5-4

(1) 环境搭建

为了避免映射的影响,有一种更为直接的方式,就是用单一的环境,一般为白色,通常用柔光棚来创造这种环境。

柔光棚比较常用,是一种便携式的,可以把室内环境缩小在柔光棚中进行的道具。柔光棚整体呈现为白色空间,环境干净无干扰,最大限度地减少映射和反射。柔光棚的构成主要有:柔光棚主体、前挡布、背景布和便携袋。见图 5-5。

柔光棚主体的构造主要有:柔光布、金属架。柔光棚尺寸一般有:40 cm×40 cm,60 cm×60 cm,80 cm×80 cm,形状主要为正方形。从外观上,柔光棚又可分为正方形敞开式柔光棚和圆幅框架的包围式柔光棚。

图 5-5

柔光棚四周的柔光布,可以将直接照明变成间接照明,所以

金属制品的拍摄

拍摄时影室灯可以不加装柔光箱，而使用标准罩。此外，柔光布可以直接充当背景。为了提升拍摄效果，常见的柔光棚会附带白、黑、蓝三色或四色背景布。背景布和柔光棚的柔光布材质一般为尼龙或植绒。尼龙的轻薄特质使其透光性较好，但是光线的漫反射不够，难以凸显光泽感。植绒材质柔软平坦，漫反射效果较好，但是透光性较差，因此影室灯的光源需要加强。综合考虑，作为背景布，最好是一面用尼龙材质另一面用植绒材质，普通商品拍摄时用尼龙材质的一面，处理时更为方便；反光类物体拍摄时就用植绒材质的一面，更能体现背景的质感。不管使用哪种背景布，柔光棚在折叠携带时都会使背景布产生折痕，为了拍摄效果更好，最好在使用前先烫平。

选购柔光棚时，最要关注的是框架结构的牢固程度和折叠的便捷性。尤其是包围式柔光棚，由于使用时需要反复折叠、压缩，以便放入便携袋中，所以金属框架的质量尤为重要。

敞开式柔光棚和包围式柔光棚的使用有所差异。敞开式柔光棚包含左右和顶部的三面柔光布，背面为黑色便携袋，底面是拍摄台，通过背景布的粘贴覆盖住背面和底面，形成背景。敞开式柔光棚在使用时较方便。使用它后，拍摄的商品表面会形成明亮的光斑。见图5-6。

图5-6

图5-7

包围式柔光棚的六个面都是柔光布，构成了一个完整的密闭空间，便于六个面的光源投射。前挡布带有拉链，可以从棚体框架上撕落，从而形成敞开式柔光棚。由于柔光棚的四周围圆形，折叠时以圆形框架为基准，向内翻压，折叠成扁平状。包围式柔光棚拍摄的效果不会受到周围景物的干扰，商品上不会产生明亮的光斑，在质感上可能会不及敞开式柔光棚。见图5-7。

除了购买柔光棚，也可以利用废弃的纸箱自制便携式柔光箱。先将纸箱的六个面都扣空，只留一个框架，然后用白色的纸或者布将每个面都糊住，再在里面铺上背景，一个简易的便携式柔光棚就制作完成了，但是这个柔光棚不能进行折叠。

(2) 道具的使用

如果使用包围式柔光棚拍摄，物体表面的光斑不明显，缺乏光泽变化。而且由于柔光棚内环境色彩单一，而柔光布又产生了大面积的柔光源，拍摄出的物体就会缺乏丰富的明暗层次变化，减弱了商品的立体感和质感。对此，可以将灰色或黑色的反光片或吸光片放在商品旁，让商品反射或者映射出这些色块，从而增加物体表面的层次感和立体感。

使用上述方法时，通常将黑色卡纸进行裁剪，得到色块，

图5-8

既可以贴近商品摆放,也可以在柔光棚内壁粘贴,通过光线的反射以达到同样的效果。后一种方法大多用于平放的反光物体,例如手表。黑色卡纸的设计可以根据大小、位置设计出不同的明暗色泽效果,但是拍摄到的图片常会带有卡纸元素,在后期处理时需要将其裁剪掉。

我们通常使用白色背景拍摄商品。但是拍摄反光类物体,尤其是金属制品时,则常用黑色背景来衬托出更好的质感。见图5-8。也可以继续使用黑色卡纸,使商品表面呈现出阴影效果。

任务二 不锈钢保温杯的拍摄

【任务描述】

不锈钢保温杯的拍摄要点与反光类物体的要求类似,最主要的要求是控制好反光,避免出现强烈的光斑,防止将周围的景物和色彩映射在物体表面。

【任务实施】

1. 目标

能够根据不锈钢保温杯的特点对其进行拍摄。包括设计和填写商品拍摄登记表;设计商品的布光方式;熟练地运用柔光棚和黑色卡纸等道具;能根据商品特性进行合理地构图设计;对商品的整体和细节进行合理而详细的展示。

2. 环境要求

拍摄在室内完成。基本设备包括:静物台一个、黑色背景纸、影室灯、三脚架一幅、不锈钢保温杯、清洁布、柔光棚(60 cm×60 cm)一个。

3. 操作步骤

(1) 做好拍摄准备工作,填写拍摄登记表

做好现场的整理工作,包括环境的布置、道具的准备、检查拍摄样品、填写拍摄登记表、黑色背景的准备。此外,由于不锈钢保温杯外包装一开始并未拆封开,所以要先完成商品外包装的拍摄才能对保温杯进行检查。

(2) 设计拍摄环境

设计拍摄环境时要考虑外包装和商品两个部分,对此分析光源特性。外包装属于吸光物体,且有一定的高度,适合使用两前侧布光。而不锈钢保温杯属于反光类物体,拍摄时要注意对光源的控制,商品拍摄工作主要在柔光棚中完成。布置好静物台,放置好背景纸或背景布。将柔光棚在拍摄台上撑起,将折叠好的白色背景布展开,由于折叠而产生的折痕最好使用熨衣机烫平,将背景布粘贴在柔光棚内。根据金属制品的特性,需要使用柔光棚前挡布。然后布置好影室灯和样品,便可以开始对商品外包装进行拍摄了。

(3) 准备数码相机

对数码相机进行检查,仔细检查电源和存储卡,检查相机外观以及清洁问题。然后开启相机,检查其语言模式、日期和时间、待机时间、图像品质、感光度等参数。之后调整白平衡,将相

机的拍摄模式调整到手动模式。

(4) 展示不锈钢保温杯包装盒

为了方便顾客全方位了解商品,需要对保温杯包装盒进行全面的展示,也就是需要拍摄其各个方位的照片。这一过程使用三脚架辅助拍摄,可保证拍摄效果稳定。对保温杯盒进行摆拍,先拍摄完整的正面照,也可以将商品微微倾斜以更好地展示立体效果。这里要注意的是,商品上的标签以及生产批号、生产日期等需要特写展示,并且保证要大小合适、图片清晰。

(5) 展示不锈钢保温杯

将保温杯从包装盒中拿出,对外观先进行检查,为了保持清洁,用清洁布等对其进行清理。随后考虑拍摄构图。可以将商品单一摆放进行拍摄,也可以将商品和包装盒组合摆放进行拍摄。在拍摄过程中多加尝试,不断变更构图方式,拍摄尽量多的照片,以便挑选最佳的拍摄效果。

(6) 细节拍摄

完成不锈钢保温杯外表的整体拍摄之后,很重要的一点是对细节的拍摄。包括外观的局部特写以及保温杯内部的拍摄,通过细节的展示,可以很好地体现商品的做工以及性能。

(7) 完成拍摄

拍摄完成后,再次预览照片,检查是否都采集完成。之后填写拍摄登记表,完成拍摄。

项目六　玻璃制品的拍摄

【项目导读】

玻璃制品属于透明类商品,这类商品与反光类商品在拍摄上有一定的共性,所以部分拍摄要点可以通用。在拍摄前也要先进行准备工作,填写商品拍摄登记表。

【学习目标】

1. 掌握玻璃制品的拍摄要点;
2. 掌握玻璃制品拍摄环境的搭建;
3. 掌握玻璃制品拍摄的技巧。

任务一　玻璃制品的拍摄要点

【任务描述】

需要准备的主要道具除了沿用金属制品的拍摄道具外,还需要准备黑色和白色的亚克力倒影板、透明有机玻璃盒子、小刷子、喷水小瓶等。本文我们以香水的拍摄为例进行说明。在拍摄前要准备好需要使用的香水样品,事先检查好样品的完整性。表6-1是商品拍摄登记表。

表6-1　某香水的商品拍摄登记表

项　目	说　明	备　注
商品拍摄编号		将存储文件夹命名
商品货号		商家提供
商品名称		
商品拍摄样品		数量
商品采集环境		室内/室外场地
商品采集台		
背景布		
影室灯		

续　表

项　目	说　明	备　注
拍摄重点		自己归纳
该商品局部镜头		局部镜头拍摄后填写文件名
拍摄人员		
拍摄时间		

【任务实施】

1. 香水的拍摄要点

香水在日常生活中随处可见,其最直接的特征是各种香味。但是在进行商品拍摄时,无法通过图片传递香味,因此,为了吸引顾客的兴趣,需要在视觉刺激上下功夫,主要体现在香水瓶的设计上。香水瓶造型各异,色彩缤纷,有些精美的香水瓶甚至具有可收藏性。香水瓶大多是玻璃制品,属于透明类物体,其主要特点是光线照射到瓶身时会穿透内部。由于其独特的透明性,可以将液体的质感体现得淋漓尽致,突出视觉效果。当然,也有些香水本身是无色的,会采用有颜色的半透明香水瓶,在拍摄时也要表现香水瓶的通透感,也需按照透明类物体的拍摄要点进行。

拍摄前需要先拍摄包装盒,因为包装盒是香水的重要组成部分,也呈现了很重要的商品信息。为了展现香水包装盒的立体感,在摆放时可以稍微倾斜。包装盒本身属于吸光类物品,但是由于盒体表面有一层塑料薄膜,具有反光性,要引起重视。布光时常采用两前侧光照明,也可以在柔光棚中进行拍摄。另外,有些进口商品需要在包装盒背面贴上中文的商品说明,在展示时一定要确保文字清晰,因此摆放时要平放,提高快门速度以防止机器晃动。

包装盒表面的塑料薄膜拆除后,可以对包装盒进行补充展示,尤其是对品牌标志等细节之处,如果对图片张数没有限制,可以从更多角度加以展示。香水包装盒拍摄完毕,取出香水瓶,首先要用刷子和清洁布对瓶身进行清洁,避免将透明物体表面的细微污渍、指印、灰尘等展现出来。此外,为了加深视觉刺激效果,同时为了减少拍摄张数,往往将香水包装盒和香水瓶同时拍摄,这时,如何对组合商品进行摆放构图十分重要。比较常见的摆放方式是将包装盒和香水瓶并列摆放或者将香水瓶放在前面包装盒放在后面。见图6-1。组合拍摄时为了突出展示香水瓶,可以对包装盒进行虚化处理。

图6-1

2. 香水的拍摄方案

将香水包装盒和香水瓶组合拍摄时,对于包装盒来说,加上一些光泽可以较好地体现质感。但是如果单独展示香水瓶,由于其属于透明类物体,所以要采用透明类物体的布光方式来体现香水瓶的通透感。

(1) 布光方式

在拍摄时不仅要体现出香水瓶的通透质感,同时也要清晰地体现出其轮廓边界。一般采取逆光的布光方式,而且需要背景的配合,如果背景明亮,则香水瓶呈现出来的线条就较暗,反之,背景色彩深暗则香水瓶的边缘线条能够较好地显现出来。通常都会用逆光的布光方式,同时采用白色背景。

图 6-2

将香水瓶放在柔光棚内,在柔光棚外通过影室灯用逆光照明,从而体现物体边缘线条。见图 6-2。

为了加深边缘线条,在拍摄中可以使用上一章中介绍的黑色卡纸辅助拍摄,这样既可以遮挡多余的光源,还可以投射阴影,从而加深透明物体的边缘效果。此外,当透明物体离相机越远,越接近逆光源时,则其边缘的清晰度就会降低;反之,离相机越近,离逆光源越远。那么其边缘就越清晰。但是要注意,不能让物体离光源过远,否则会造成透明物体表面过暗。另外在拍摄时,如果不直接采用逆光源照明,也可以采用浅色的背景纸投射光源,通过反射光来照明,只是物体与背景之间要保持一定的距离,需要根据具体操作需要进行布置。

拍摄时会发现,光的方向是由上至下的,透明物体的拍摄效果相对于平位光的通透感会有所减弱。因此可以适当抬高被摄物体的位置。例如,拍摄时可以垫高香水瓶,为了增强效果,还可以在香水瓶下放一块白色的倒影板,这样做,一是可以遮挡垫高物,二来也可以形成倒影效果,提升拍摄效果。见图 6-3。

图 6-3

图 6-4

拍摄对象属于透光类物体,拍摄时还可以采用侧逆光的布光方式,效果类似。如果使用的是暗背景,可以用一盏逆侧光作为主光源对商品进行投射,并加装聚光装置,见图 6-4。

(2) 道具的使用

在透明类物体的拍摄过程中,倒影板的恰当使用可以在很大程度上提高视觉效果。倒影板,其实就是一种反光板,可以在板上映射出商品倒影。倒影板的分类主要有黑色和白色,最常见的是亚克力材质,这种倒影板实际上是一种有机玻璃,价格低廉易裁剪。倒影板的形状以正方形为主,常见尺寸为30 cm到60 cm不等。

一般拍摄时白色倒影板运用的较多,在后期处理图片时可将倒影擦除一部分,视效果需要而定。黑色的倒影板通常只在黑色场景中运用,且会保留大部分倒影。在使用倒影板时,由于亚克力材质容易产生划痕,光源投射到表面时非常醒目,所以一定要注意保养。使用后及时用刷子小心地拂去灰尘,保存时可用保鲜膜覆盖表面,不能被其他重物堆压。

除了白色和黑色的倒影板,还有一种透明的倒影板,也会在特定场合用于辅助拍摄。透明倒影板是用透明的有机玻璃制成的,由于其透明特性,不会对商品产生干扰,后期的图片处理也方便消除。恰当地运用既可以抬高商品的位置,保证光位的正确布置,同时也可以便于商品展现出特定的形态。

任务二　香水的拍摄

【任务描述】

在日常生活中,香水深受人们喜爱,对香水进行拍摄的过程要注重细节。在本次任务中,将对该过程进行详细的介绍。

【任务实施】

1. 目标

能够根据香水的特点对香水进行拍摄。包括:设计和填写商品拍摄登记表、设计商品的布光方式;熟练地运用各种道具;能根据商品特性进行合理地构图设计、对商品的整体和细节进行合理而详细地展示。

2. 环境要求

拍摄在室内完成。基本设备包括:静物台一个、黑色背景纸、影室灯、三脚架一幅、完整包装的香水一瓶、清洁布、小刷子、柔光棚(60 cm×60 cm)一个、白色和黑色的亚克力倒影板各一块、透明的有机玻璃盒两个。

3. 操作步骤

(1) 进行详细的准备工作,同时填写好拍摄登记表

做好现场的整理工作,包括环境的布置、道具的准备、检查拍摄样品、填写拍摄登记表,黑色背景的准备。此外,由于香水外包装一开始并未拆封开,所以要先完成商品外包装的拍摄才能对香水瓶进行检查。

(2) 设计拍摄环境

设计拍摄环境时,需要考虑的部分包括:外包装和商品本身两个部分,香水外包装的展示也非常重要。外包装属于吸光物体,且有一定的高度,适合使用两前侧布光。香水瓶属于透明类物体,则采用明亮背景体现暗线条的逆光位布光。当采用包装盒和香水瓶组合拍摄时,要全方位地展示不同的构图,采用和包装盒一致的布光方式。商品拍摄工作主要在柔光棚中完成,具体可以参照文中介绍的方法。布置好静物台,放置好背景纸或背景布。

将柔光棚在拍摄台上撑起,将折叠好的白色背景布展开,由于折叠而产生的折痕最好使用熨衣机烫平,将背景布粘贴在柔光棚内。由于被摄对象不是反光类物体,可以不用柔光棚的前挡布。布置好影室灯光位,准备好香水样品,就可以进行拍摄了。

(3) 准备数码相机

对数码相机进行检查,仔细检查电源和存储卡,检查相机外观以及清洁问题。然后开启相机,检查其语言模式、日期和时间、待机时间、图像品质、感光度等参数。

(4) 展示香水盒

为了顾客全方位了解商品,需要对香水盒进行全面的展示,也就是需要拍摄其各个方位的照片。过程中可以使用三脚架,这样可以保证拍摄效果的稳定。整体构图时可以将商品微微倾斜,能够更好地展示包装盒的立体效果。很多有关香水的详细说明在包装盒的背面,在拍摄时要用特写镜头,确保文字清晰。

(5) 展示香水瓶

将香水瓶从包装盒中拿出,对外观先进行检查,为了保持清洁,用清洁布等对其进行清理。随后考虑拍摄构图。可以将商品单一摆放进行拍摄,也可以将商品和包装盒组合摆放进行拍摄。在拍摄过程中可以多加尝试,试着不断调整、变更构图方式,多拍摄一些照片,以便后期挑选出最佳的拍摄效果。

香水瓶在展示时要体现其透明效果,如果继续采用前面的布光方式,会感觉通透感不够,所以要对光位进行调整,采用逆光位投射。在调整的过程中,一定要先进行试拍,观看效果,如果不满意则继续进行调整。在此过程中可以借助有机玻璃盒垫高香水瓶,使商品和光源位置接近,增加通透感。

(6) 完成拍摄

拍摄完成后,再次预览照片,检查商品信息是否都采集完成。之后填写拍摄登记表,完成拍摄。

项目七 服装的拍摄

项目导读

现在一般情况下,通过电子商务平台进行销售的服装大多以平铺展示为主。所以要对这一类商品拍摄要点做详细了解,在此基础上再了解其他的拍摄手段。

在拍摄前,做好充分的准备至关重要。前面章节中使用到的基本拍摄设备在这里同样沿用,除此之外,还需要准备整块泡沫板、大头钉、棉花、纸板以及填充纸。

学习目标

1. 掌握服装类商品拍摄的要点和技巧;
2. 掌握商品整体、细节的拍摄方案;
3. 掌握平铺拍摄服装时的位置与角度以及其他要点。

任务一 平铺服装的拍摄要点

【任务描述】

首先对现场进行整理,检查拍摄要用的商品样品。尽管是同样款式的服装,也会包含有不同的尺码,在选择时,通常用最主流的尺码来展示。检查样品要仔细,主要是对服装的做工和吊牌的完整性进行检查。完成之后,填写商品拍摄登记表,做好文案记录。见表7-1。

表7-1 某服装的商品拍摄登记表

项目	说明	备注
商品拍摄编号		命名相关存储文件夹
商品货号		商家提供
商品名称		
商品拍摄样品		数量
商品采集环境		室内/室外场地
商品采集台		

续表

项　目	说　明	备　注
背景布		
影室灯		
拍摄重点		自己归纳
该商品局部镜头		完成局部拍摄,填写文件名
拍摄人员		
拍摄时间		

【任务实施】

服装大多属于吸光类商品,但是其拍摄方法与小件吸光类商品有较大的差别。服装类商品最常见的拍摄方法是平铺拍摄,但是当把商品放在静物台上进行拍摄时,常会出现拍摄效果变形的情况。这是平铺拍摄时常见的透视变形问题。因此在拍摄时要拉开商品和镜头之间的距离,使镜头和商品之间的线条接近垂直,从而减少透视变形问题。

为了在拍摄中尽可能地避免这样的问题发生,可以不使用静物台摆放服装,而是直接平铺于活动底板或者地面上。即便如此,当人持相机站立拍摄时,很难使相机的镜头与商品完全呈直角。因此在摆放时可以将商品底部稍微倾斜,利用木板或其他物体将一端抬升。例如,将背景纸贴在泡沫板上当作底板,用一块木板将底板垫高,调整好相机镜头进行拍摄,可以改善甚至是消除服装透视变形的问题。

这里要注意的是,在抬高底板时,摆放在底板上的服装往往会移动。所以在此之前需要先对服装进行定型。可以借助一些大头钉、小夹子之类的道具来完成,但是要避免拍摄时被发觉,通常在商品的吊牌后以及镜头看不到的服装内部使用。当然使用完成后要清理道具,避免造成不必要的麻烦。

拍摄时还需要注意布光问题。不同于小件吸光类商品,服装一般是由大面积的吸光材料构成,布光时要注意光源的均衡照射。为了美化拍摄效果,常会使用影室灯,而且会加装柔光箱。由于平铺拍摄的特点,可将顶部照明作为主光源,以确保物体受光均匀。不同的服装长度大小都有所不同,因此要根据拍摄时的具体需要布置辅助光源。例如,短裤、短裙等可以使用侧光源作为辅助光源照明,而长裙、牛仔裤等则需要前侧光源作为辅助光源照明。

任务二　不同服装的拍摄方案

【任务描述】

不同服装的拍摄手法有共性也有区别,但是在拍摄平铺服装时,有一个共同的问题是拍摄效果往往显得刻板,造型缺乏美感和立体感。这种现象比较常见,但是从顾客视觉效果来看,又会在真实性上产生一定的影响。因此,塑形就显得格外重要。

【任务实施】

1. 塑形

塑形是为了让服装看起来尽可能接近真实的穿着效果,以凸显立体感,使商品自然美观。例如,模拟人穿的样子,将衣服的造型塑造的饱满,把扣子整理成自然穿着的习惯,通过向衣服内部填充揉捏过的纸张等填充物让其显现出人穿着的体型。此外,为了拍摄效果更加真实化和生活化,可以在衣服上做出合适的褶皱。

在为服装塑形时,可能会造成原先摆放好的服装位置发生变化,所以要在平铺时塑形,然后将服装固定。在此过程中,要注意服装的位置,避免产生偏差。

除了平铺拍摄塑形,有些特定的服装可以根据实际需要进行风格化摆拍。这种拍摄方式下可以对周围环境进行设计,服装在塑形时可以借助环境氛围的烘托呈现出更好的效果。见图 7-1。将同一款式的几件 T 恤组合摆拍在地板上,可以调节构图,色彩对比也比较突出,很好地展现了商品的风格。此外,还可以为商品搭配一些小道具,例如包或鞋子等。

图 7-1

图 7-2

此外,挂拍也是拍摄服装时常会被采用的方式。一般是通过衣架将服装悬挂拍摄。这种拍摄方式比较方便,不会造成变形,同时也能很好地还原商品的真实情况。见图 7-2。

除了风格化摆拍和挂拍,还有一种常用的拍摄手段是借助模特架。这种方式是利用模特架模拟人体造型,将衣服套上去,在展示时更方便塑形。在进行商品拍摄的过程中,常常要对照片进行后期处理,所以在使用模特架时要让服装看起来是悬空的状态。

2. 女式卫衣的拍摄要点

女式卫衣通常也是通过平铺拍摄来展示服装款式和色彩等信息。但是在拍摄时要注意,由于卫衣有袖子,如果完全展开平铺在地板上,可能会超过底板的宽度,通常有两种方式避免这种情况:一是调整地板的摆放位置,二是调整服装的摆放造型。见图7-3。

图7-3

女式卫衣在塑形时,重点是对躯干部分的塑形。由于平铺拍摄有时会使服装看起来扁平无立体感,无法展现出服装的美感,所以对躯干部分进行塑形尤为重要。沿着左右两边腋下将卫衣向内收拢和折叠,模拟出衣服穿在身上的线条感。在此过程中,用大头钉等工具将服装固定。女式卫衣的塑形,袖子是非常关键的部分,袖子的塑形可以为服装增添亮色,也可以更好的模拟人穿的效果。所以一般在塑形时,不会拘泥于将袖子自然下垂,而是结合不同服装的特点,摆出各种造型,从而使服装看起来更加立体和真实。

图7-4

对服装进行细节展示时,要体现服装的材质和做工质量,同时对于服装款式的特色也要突出展示。见图7-4。例如袖口、衣领和下摆部分的缝线处理,通常是顾客非常关注的细节,有的卫衣有拉链或者扣子,也是上衣中能够体现商品质量的细节,可以多角度特写拍摄。另外,服装的吊牌上会有关于品牌说明、尺码、注意事项等信息,也是需要采集的细节。当然,对这些细节信息进行采集之前,一定要对服装先进行检查和整理,避免服装上有多余的线头没有清理干净,影响拍摄出来的图片质量。

每款服装都有其自身特色,这是吸引顾客购买的重要因素。在进行商品展示时要突出品牌和款式的特色。通常通过一些品牌的图案、花纹等来展示。

除了平铺拍摄,卫衣还可以借助模特架挂拍的方式进行展示。模特架的使用可以结合夹子等更好地体现服装的腰身,在进行拍摄时可以作为一种重要手段来使用。

3. 牛仔裤的拍摄要点

牛仔裤的属性很有特点,该类商品属于吸光类商品。拍摄时同样采取平铺拍摄方式,光源采用前侧光源照明,同时辅以顶部光源照明。在拍摄前先对牛仔裤进行塑形。要注意的是牛仔裤分男女款式,在塑形时要加以区分。一般女式牛仔裤在塑形时会更加强调线条感和瘦身效果。侧边可以折叠的稍微多一些。同时,可使用棉花、揉捏过的废纸填充牛仔裤,但是不需填充过多,要自然地体现出牛仔裤上的褶皱。此外,在拍摄牛仔裤的背面时,还需要突出裤子臀部的饱满和立体感。

牛仔裤的样式大同小异,在对细节进行展示时,要注重突出不同款式的特色和风格。通过对缝线、纽扣、拉链、花纹等的展示凸显牛仔裤的做工和质量,通过腰胯部、口袋、裤脚、品牌标志等的展示表现牛仔裤的风格和特色。见图7-5和7-6。

图7-5

图7-6

4. 模特拍摄

根据服装类商品的特点,借助模特的配合进行拍摄,会得到更佳的效果,也会使视觉效果更加真实。平铺拍摄虽然可以通过塑形、模特架等道具辅助体现出模拟人穿的效果,但是和真人模特穿着拍摄的效果仍然有一定的差距。而且模特穿着服装进行拍摄,不但可以全方位的展示服装特点,还可以借助模特的发挥创设一定的情境,提升视觉效果。

在准备工作中,除了常规的商品、环境、道具的准备,还需要考虑模特是否需要化妆等问题。此外,还要事先与模特进行拍摄要求等方面的沟通,与模特在方案、造型等方面达成一致意见会促使拍摄过程更加顺利。

(1) 人物构图

模特拍摄时要突出主体人物,不能受到周围环境的影响而分散注意力。如果整体是竖幅构图,一般都会缩小景深,拉近取景,采用中景或中近景进行构图,使被摄主体更加突出,形象饱满。中近景拍摄主要表现人物腰部以上的形态,采用这种拍摄方式时,让人物的头顶与画面顶端的空隙小于一个头的距离,这样画面构图才不会过多地受到外界环境的干扰。中景拍摄

商品信息采编——商品拍摄与图片处理

时,要凸显模特的上半身形态,有时候会要求拍摄主体进行一些造型或动作,这时一定要关注对画面构图产生的影响。

根据人们的视觉习惯,在这类拍摄过程中,一般会采用平行角度进行。但是有时为了制造特定的效果,会对角度做一些调整,例如低角度仰拍,会使人物看起来更加修长。

采用横幅构图是一种常见方式,但是要注意,由于画面的宽广度增加了,可能会导致画面中的环境因素也更多。因此要注意人物主题的位置,一般横幅构图不会让主体位于中心位置,避免画面过于呆板,而是将人物安排在画面的三分之一位置处。而空出来的区域不能包含太多杂乱的景物,以免干扰视线。

(2) 室内拍摄

室内模特拍摄,是指在摄影棚中进行的拍摄形式。主要借助背景纸创设情境。如果是全身拍摄,那么背景纸要一直铺到地面,半身拍摄则不需要。模特与背景纸要有一定的距离,并用背景灯照亮背景,这样既能保证被摄主体和背景都得到充分的曝光,也能够更好地体现出空间感。拍摄模特时采用影室灯两前侧照明,并加装柔光箱。

在拍摄时模特可以变换造型和动作。另外,要注意展现模特的表情和眼神,因此可以增加一个低位光源给模特补充眼神光。

(3) 室外拍摄

室外拍摄使用的是自然光源照明。室外拍摄更加自然真实,比较容易体现服装本身的质感,也更容易体现环境氛围。场景选择自由,情境创设更加方便。例如,想要展示艺术风格,可以选择咖啡馆等地方;要展示休闲与运动风格,可以选择公园、体育馆;要展示正装,可以选择写字楼、办公室等。

室外拍摄前的准备工作至关重要。除了室内拍摄的基本设备外,还需要准备反光板、大相机包、备用电池、备用存储卡、拍摄记录本等。如果天气条件不佳,还需要准备外拍灯和外拍电源。此外,对同一品牌不同款式的服装进行展示,如果服装较多,还要携带衣架,提供换衣场所等。

室外自然光源具有不可控性,因此要提高拍摄效率,选择合适的光源。此外,要借助反光板为拍摄主体进行补光。

任务三　牛仔裤的拍摄

【任务描述】

1. 目标

能够对牛仔裤这类吸光类服装进行平铺拍摄。包括:设计和填写商品拍摄登记表;分析商品特性;设计拍摄环境;设计商品的布光方式;能根据商品特性进行合理地构图设计;对商品的整体和细节进行合理而详细地展示。

2. 环境要求

拍摄在室内完成。基本设备包括:静物台一个、白色背景泡沫板一块、小凳子一个、白色背景纸、影室灯、牛仔裤样品、大头钉、棉花、揉捏过的废纸、配饰若干。

【任务实施】

3. 操作步骤

(1) 认真进行准备工作，填好拍摄登记表

做好现场的整理工作，包括环境的布置，道具的准备，检查拍摄样品，填写拍摄登记表。检查包括牛仔裤样品扣子、吊牌是否完整，拉链是否完好，有无污渍等。此外，还要为后面进行细节拍摄做准备，例如，修剪裤脚、口袋边等处缝线的线头。

(2) 设计拍摄环境

牛仔裤主要采用静物台平铺拍摄，但是拍摄过程中由于透视变形问题会对拍摄效果造成干扰。为了解决这个问题，常利用平铺在地面上的泡沫板来辅助拍摄。此外，为了保证拍摄质量，工作人员还可以站在凳子上拉开与被摄物体的距离，这样可以进一步消除透视变形问题。当然，还有一种方法是把泡沫板一端垫高，尽量使相机镜头和泡沫板形成直角，从而消除变形。

牛仔裤属于吸光类商品，为了保证其表面受光均匀，可以用一盏灯顶部照明，另一盏设置为左前侧光照明。

(3) 准备数码相机

对数码相机进行检查，仔细检查电源和存储卡，检查相机外观以及清洁问题。然后开启相机，检查其语言模式、日期和时间、待机时间、图像品质、感光度等参数。完成后，再调整白平衡，将拍摄模式调整到手动模式。

(4) 塑形

对牛仔裤进行塑形可以增强商品的立体感，让商品看起来更加的真实和自然。一般选择在牛仔裤的裤筒中借助棉花、纸板或者是揉捏过的废纸进行填充。填充物不易过硬，否则会使商品看起来不自然。牛仔裤通常有很多的褶皱，在对类似的细节进行拍摄时一定要优美，呈现的画面要自然。另外，塑形过程中为了防止位置变换引起的变形，需要用大头钉在镜头看不到的地方将商品固定住，这样就减少了后期处理的工作量。

(5) 初次试拍后调整方案

拍摄过程不可能一蹴而就，要在反复试拍的基础上调整方案，找到最佳拍摄效果。牛仔裤的拍摄在室内完成，背景比较单一，可采用竖幅构图方式。

(6) 多次拍摄选取最佳效果

试拍后确定好拍摄方案，多次拍摄，在此过程中调整相机的光圈和快门。尽可能拍摄足够多的图片，选取最佳拍摄效果。

(7) 细节特写镜头的拍摄

牛仔裤的细节展示目的在于区分不同的款式。细节拍摄时同样要使镜头垂直，不能产生透视变形。对于牛仔裤来说，一般需要展示的细节局部主要有腰胯部、裤脚、口袋等地方。对于纽扣、拉链等反映做工质量和特色的地方也要加以展示。另外，品牌标签上的信息是顾客需要了解的内容，包括面料、尺码、注意事项等，必须清晰地展示出来。裤脚的展示可以将两个裤脚折叠摆拍，一个展示正面一个展示内里，这样既能充分地展示细节又使画面看起来有美感。此外，牛仔裤的背面展示也很重要。尤其是牛仔裤臀部的花纹和口袋都可以很好地反映商品的特色。见图 7-7。

图 7-7

(8) 完成拍摄

拍摄完成后,要进行检查,核验商品效果。填写拍摄登记表,完成拍摄。

项目八　商品图片的处理

> **项目导读**
>
> 通过前面几个章节的学习,我们已经初步掌握了使用相机对服装类等商品的信息采集。但是采集的商品信息是否合格呢？什么才是合格的商品呢？合格的商品图片应该具备哪些特征呢？
>
> 首先要有干净的主物体,颜色要搭配正确,大小适中,和主物体搭配的背景色要合适,要能衬托出主物体,图片的防盗水印和店铺的标识要清晰好看,同时要适合店铺整体风格,物体摆放在适当的位置等。在实际的商品信息采集中,采集的图片在进行最后归纳时,都会发现图片的拍摄存在很多瑕疵,比如照片曝光过度或不足、商品显示变形、照片模糊不清等问题,这些问题图片必须经过处理才能对外展示。以上这些问题都可以通过图片处理工具来进行修正,最常使用的工具就是 Photoshop 软件,通过处理后的图片能达到很好的效果。

> **学习目标**
>
> 1. 能用 Photoshop 对商品图片进行处理；
> 2. 能改变商品图片的尺寸和角度和色彩；
> 3. 能调整商品图片的清晰度；
> 4. 能运用 Photoshop 的相关工具对商品图片进行抠图操作。

任务一　图片文字的处理

【任务描述】

有时拍摄的商品图片在后期处理时需要加入一些文字进行修饰或说明,以起到引导顾客的作用。见图 8-1。

【任务实施】

1. 熟悉字符面板各参数的含义

这个时候就需要用到 Photoshop 里面的"字符"面板。该面板的主要功能是设置点文本。点文本包括：借助横排文字工具以及直排文字工具来创建文字和编辑文字。

但是,默认情况下,在 Photoshop 的文档窗口中是不显示"字符"面板的。按照以下步骤打开"字符"面板："窗口"菜单,"字符"命令。当然,也可以通过文字工具选项栏

图 8-1

中的"切换字符和段落面板"按钮,来打开。如图8-2所示:

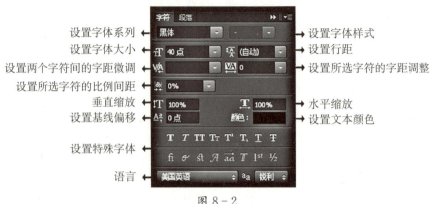

图8-2

(1) 设置字体系列

①选中要修改字体的文字,②在"字符"面板中找到并单击"设置字体系列"右侧的下三角按钮,③从弹出下拉列表中选择所需字体,完成文字修改。

字体通常使用宋体、仿宋或黑体等。

(2) 设置字体样式

下拉列表中默认的字体样式可供选择。包括 Regular(规则的)、Italic(斜体)、Bold(粗体)和 Bold Italic(粗斜体)4个选项,具体可视商品的风格而定。一般图片上的字不需要很多,分行用不同的样式和大小进行突出。

(3) 设置字体大小

文字大小的取值范围为 0.01~1 296 点,默认的文字大小为 16 点。设置字体大小一般有两种方式:①在下拉列表中选择,②在文本框中输入所需要的字符大小。

(4) 设置行距

行距指文本中各行文字间的垂直间距。同一段落的行与行之间可以设置不同的行距,但文字行中的最大行距决定了该行的行距。

选择目标文字,在"设置行距"下拉列表中选择所需要的行距值,此外,还可以在文本框中输入新的行距数值,以修改行距。

一般商品图片上的文字行距不宜过小,不仅要把信息说明清楚,还要呈现出一定的美感。

(5) 设置两个字符间的字距微调

调整两个字符之间的距离:在需要调整的两个字符之间单击,将光标定位在此处,以设置插入点,然后从下拉列表中选择相关的参数,如果直接在文本框中输入特定数值,也可以进行调整。当输入的值大于零时,字符的间距变大;当输入的值小于零时,字符的间距变小。

(6) 设置所选字符的字距调整

调整选定字符的间距:选中特定文字,在下拉列表中选择所需数值,或通过在文本框中输入数值,对字符间距进行修改。如果输入的值大于零,则字符间距增大;如果输入的值小于零,则字符的间距减小。如果没有选择字符,则可以调整所有字符的间距。

这一参数主要是起到突出强调所要表达的重点词语的作用。

(7) 设置所选字符的比例间距

设置选定字符的间距：选择文字后，在下拉列表中选择一个百分比，或者直接在文本框中输入一个百分比的整数，即可修改选定文字的比例间距。百分比和字符间距成反比。比例间距的取值范围为0%～100%。

(8) 垂直缩放

调整字符的高度：通过在文本框中输入其他缩放数值来实现。

如果垂直缩放的百分比与水平缩放的百分比相同，则可以进行等比缩放；不同时，则进行不等比缩放。

(9) 水平缩放

调整字符的宽度：其方式是直接在文本框中输入新的缩放数值。如果水平缩放的百分比与垂直缩放的百分比相同，则可以进行等比缩放；不同时，则进行不等比缩放。

(10) 设置基线偏移

基线可以升高或降低所选文字，在实际运用中非常有效。默认的文字基线位于文字的底部位置，通过调整文字的基线偏移，可以将文字向上或者向下调整位置。具体操作如下：

①选择目标文字，②在文本框中输入新数值，就能看到调整文字的基线偏移大小。默认状态下，基线位置为0，若输入的数值大于零，则文字向上移动；当输入的数值小于零时，文字向下移动。

(11) 设置文本颜色

点击右侧的颜色块，可以打开"拾色器（文本颜色）"对话框，来对选中文本的颜色进行设置。

文字的颜色在商品图片中有重要作用。设置文字颜色时要根据商品的特点以及拍摄环境的风格和想要表达的重点来决定。

(12) 设置特殊字体

该区域提供了多种设置特殊字体的按钮，选择要应用特殊效果的文字以后，点击这些按钮即可得到如图8-3特殊的文字效果。

图8-3

如果要看按钮的名称,则可将鼠标光标移动到这些按钮上面,稍停一会儿。

2. 文字栅格化

文字栅格化是指,在 Photoshop 中,把矢量图变为像素图,栅格化后,放大图像,就会发现出现了锯齿。这时,图像就变成了像素图。这些一格一格的元素就是像素。具体操作如下:

选择图层。然后,选择形状工具,单击选项栏中的"填充像素"按钮。在选项栏中设置下列选项:模式、不透明度。(不透明度为 1 的形状几乎是透明的,相反,不透明度为 100 的形状则完全不透明。)

任务二　曝光不正确的商品处理

【任务描述】

拍摄商品图片时曝光过度或不足都会影响商品的呈现效果。这一问题可以在 Photoshop 中进行调整。

【任务实施】

1. 图层和像素之间的关系

图层,就像胶片,一张张按顺序叠放在一起,组合起来形成人们看到的页面效果。在创作中,可以在图层中加入文本、图片等,也可以在图层中再嵌套图层。每一个图层都是由许多像素组成的,见图 8-4。

图 8-4

"像素"是指图像最小的完整采样。像素是由一个一个带有特定的位置和颜色值的正方形小块排列组合而成。见图 8-5 和图 8-6。

图 8-5

图 8-6

2. 色阶

曝光不足会引起图片出现过亮或过暗的情况。这时,可以使用色阶来调整其明度,在 Photoshop 中是指灰度分辨率。图像的色彩丰满度和精细度是由色阶决定的。色阶决定了图像色彩的精细程度。白色最亮,黑色最不亮。见图 8-7。

图 8-7

色阶各个参数的含义如下:
(1) 通道。在默认的情况下,对图像的所有通道进行调整。
(2) 输入色阶。色阶可以用来校正图像的色调范围和色彩平衡。见图 8-8。文本框中值的范围在 0—255 之间,以图中阴影值 8 为例,表示色调值为 8 的像素为最暗。

 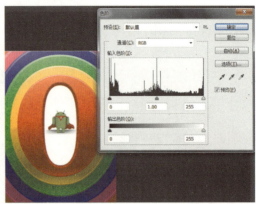

图 8-8 色阶调整的设置

（3）选项

单击弹出如下对话框。见图 8-9。

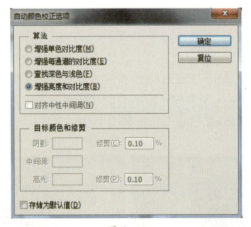

图 8-9

（4）输出色阶

输出色阶决定输入色阶的范围，偶尔使用将图像整体变亮和变暗，图像调色一般用输入色阶。见图 8-10 和 8-11。

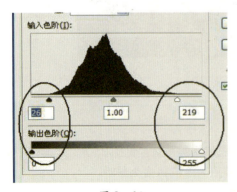 

图 8-10　　　　　　　　　　　　　　图 8-11

3. 曲线

曲线是使用频率较高的调整工具。见图 8-12。

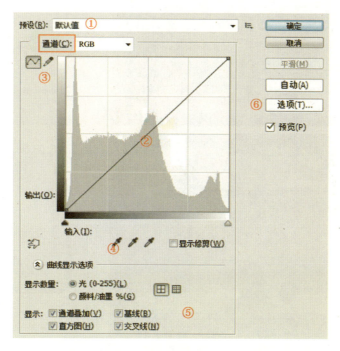

图 8-12

① 通道选择。你可以选择 RGB，或者单独的 R，G，B 通道。
② 主功能区。
③ 调整方式，可以选择手动画或用浮标。
④ 黑场白场工具。
⑤ 显示区域。决定显示哪些因素。
⑥ 自动调整区域，可以选择调整算法。见图 8-13。

 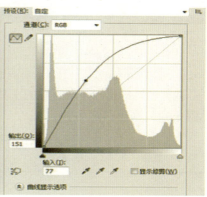

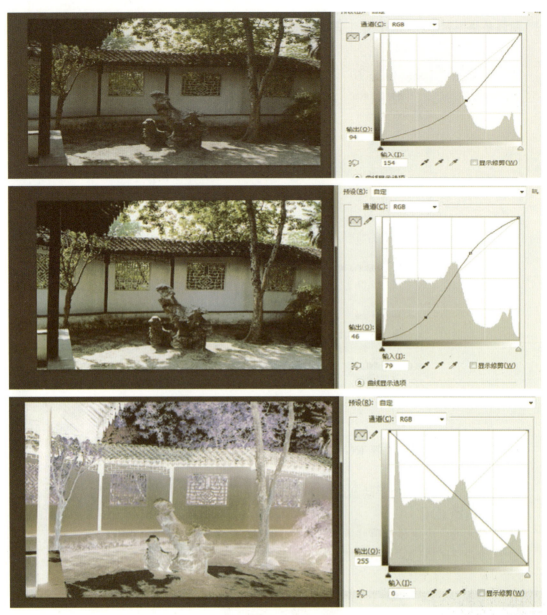

图 8-13

4. 裁剪工具

裁剪工具是我们经常使用的工具，在修改图片大小的时候首先会选择的就是裁剪工具。见图 8-14。

图 8-14

裁剪工具各个参数的含义如下：

商品图片的处理 项目八

① 宽度和高度：设置裁剪区域的宽度和高度。
② 分辨率：需要设置单位。
③ 前面的图像：主要使裁剪后的图像尺寸与原来的图像尺寸一样。
④ 清除：可清除选项栏上各选项的参数设置。

5. 自由变换工具

自由变换工具包括：自由旋转、倾斜、扭曲、变形等效果。见图 8 - 15。

图 8 - 15

自由变换工具的用法非常灵活，一般配合一些快捷键使用。尤其是"shift"和"ctrl"控制自由变换。

任务三　商品图片色彩的调整

【任务描述】

商品图片拍摄好之后，由于受到外界环境等因素的影响，效果往往不尽如人意，这时可以通过调整图片色彩来修正。

【任务实施】

1. 色相/饱和度

调整色相以及饱和度可以从整体上美化图片的效果。见图 8 - 16。

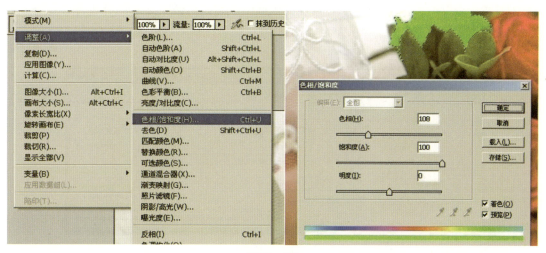

图 8 - 16

该参数主要是调整图片的色调和色彩纯度,若将饱和度调至最低,那么图像就变为灰度图像。对灰度图像改变色相是不起作用的。明度也就是亮度,亮度调整到最低,则得到黑色,最高就得到白色。这时再调整色相或饱和度就没有作用了。

色相,可以改变色相光谱的对应关系。如图8-17是一张两个笔筒放在一起的图片,通过色相参数的调整可以看到商品呈现效果的变化。见图8-18。

图 8-17

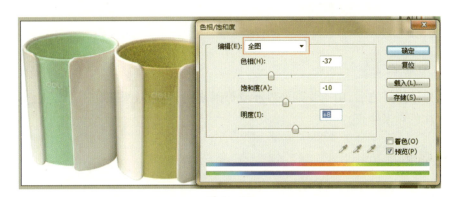

图 8-18

对话框中的"编辑"选项,可以指定改变的区间。区间既可以是整幅图片也可以是每一种颜色。见图8-19。

图 8-19

其中着色选项,可以将画面改为同一种颜色。
另外也可以用色彩平衡工具进行色彩调整。见图8-20。

图8-20

可以进行调整的范围为暗调、中间调和高光,色彩调整可以独立进行。

2. 替换颜色

替换颜色的操作和前文中色相/饱和度的作用类似,它可以使用"颜色容差"来改变有效区域的范围。见图8-21。

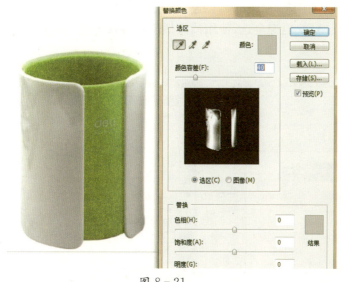

图8-21　　　　　　　　　　　图8-22

在调整过程中,可以使用"添加到取样工具"和"从取样中减去工具"来扩大和缩小有效范围。例如,给出一张笔筒的照片,如图8-22所示。
通过"替换颜色"参数的改变,将这个笔筒的色彩做了调整,见图8-23。

3. 橡皮擦工具

橡皮擦擦除后的区域将是透明的。比较特殊的是,如果要使背景层透明,就要首先将背景层转化为普通图层。

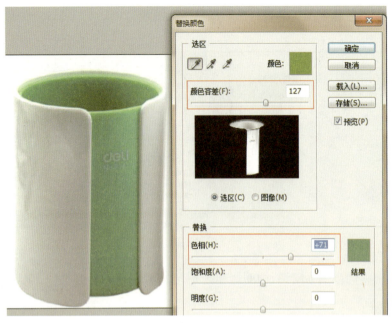

图 8-23

(1) 新建图层

打开图片,把背景图层转换为普通图层(图层 0),调整"图层 1"和"图层 0"的上下位置。在"图层 1"选中的状态下,按"ctrl+A"快捷键全选,使用油漆桶工具将其填充为白色,最后按"ctrl+D"键取消选择。见图 8-24。

图 8-24

(2) 清除阴影部分

在"图层 0"选中的状态下,单击橡皮擦工具。为了便于操作,可以通过导航器,对图片进行放大,再从橡皮擦工具属性栏中调整画笔到合适的大小以及硬度,擦去边缘的灰色部分。在"图层 1"上需要擦去的灰色部分用鼠标涂抹,使其和背景图层白色大体一致,阴影就不明显。见图 8-25。

图 8-25

4. 锐化工具

有时候拍出的照片比较模糊,需要借助锐化工具把照片变清晰。较为常用的是"滤镜菜单"中的"USM 锐化",其特点是操作简便,锐化效果显著。如图 8-26 所示。

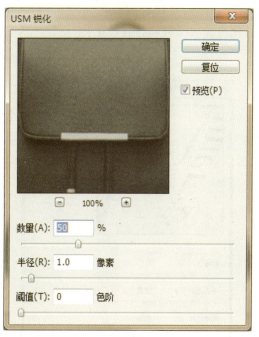

图 8-26

"USM 锐化"的参数含义如下:
(1) 数量:用于调节锐化的程度,与数值成正比。

（2）半径：用于设置图像轮廓周围被锐化的范围，效果与数值也成正比。

（3）阈值：用于设置锐化相邻像素必须达到的最低差值，需要对比度差值高于数值。

如图8-27所示服装，商品吊牌上的文字有些模糊，可以用"USM锐化"进行处理。

图8-27

第一步，把要锐化的图像打开，放大到100%。

第二步，将背景图层转化为普通图层，利用【锐化】工具——"USM锐化"，打开对话框。如图8-28所示。

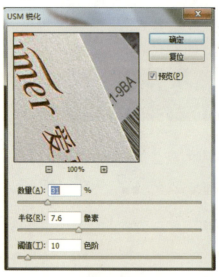

图8-28

第三步，移动"数量"、"半径"、"阈值"的滑块，将清晰度调整到最佳状态。

这样就可以得到清晰的图片了。

任务四　替换商品图片

在实际操作过程中,往往要替换原有商品的图片,这时,Photoshop中一些非常重要的工具就体现了其作用。

1. 规则选区工具

如果只需要更改图中某些区域的色彩,就需要进行选取。

在Photoshop中,一般通过选取工具来实现选区。选取工具有四个:矩形选框、椭圆选框、单行选框、单列选框。见图8-29。

图8-29

矩形选框,顾名思义,是建立一个矩形选区,如果配合"shift"快捷键使用,可以建立正方形选区,在图像中拖动,松手后会看到区域四周有流动的虚线。见图8-30。

图8-30

流动的虚线就是Photoshop对选区的表示。在选取过程中可以通过按下ESC键将该选区取消操作。

椭圆选框,若配合使用"shift"键可以建立圆形选区。

在 Photoshop 里,羽化是针对选区的一项编辑,也是处理图片的重要工具,原理是令选区内外衔接的部分虚化,起到渐变的作用从而达到自然衔接的效果。羽化值与呈现出来的效果成正比。羽化的使用需要根据实际情况进行设置,可以尝试小数值反复设置的方式优化效果。如图8-31是使用了亮度/对比度。

图 8-31

当调整之后,会发现选区还存在着,若要取消,则要使用菜单【选择取消选择】。此外,也可以用快捷键"ctrl+D"。

2. 不规则选区工具

大部分商品图片在自然状态下都是不规则的形状,选取时有一定的难度,需要使用不规则选区工具。包括套索工具、多边形套索工具等常用工具。

(1) 套索工具

在画面中按下鼠标任意移动,松开时,即可建立一个鼠标移动轨迹的选区。创建的选取是一个闭合的区域。见图8-32。

图 8-32

(2) 多边形套索工具

多边形套索工具的使用比较简单，通过鼠标单击成点，连点成线。见图8-33。

图 8-33

(3) 磁性套索工具

使用磁性套索工具。拖动鼠标时，会在经过的道路上按色彩的分界自动产生点，再把点连成区。其中，频率指定产生定点的频率。见图8-34。

图 8-34

启动Photoshop软件，打开某一个商品图片，选择磁性套索工具，先创建起始点，然后沿图片的边缘拖动鼠标，会自动创建路径。见图8-35。

图 8-35

在使用磁性套索工具进行抠图的过程中,很容易因为错误操作造成自动创建的路径偏离商品的轮廓,此时可以通过按"alt+delete"键恢复到上一步。选中商品后,复制该选区,这时打开一张背景图片,在该文件中粘贴商品图片选区。在此基础上,用橡皮擦工具,对商品的边缘进行修复,擦除瑕疵,直至效果满意。

(4) 快速选择工具

一般用于小范围的选区选择。拖动鼠标,发现选区会向外扩展并自动查找和跟随图像中定义的边缘,如果需要调整,可以使用"调整边缘"对话框中"平滑"、"对比度"、"半径"选项。见图8-36。

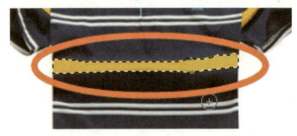

图 8-36

(5) 魔棒工具

魔棒工具,也是 Photoshop 中最简单的快速选择工具,通常适用于背景或物体的色彩鲜明而且范围较大的情况下。见图8-37。

图 8-37

(6) 钢笔工具

钢笔工具的特点是处理时比较精细,一般用于细节的抠图中。见图8-38。

图 8-38

项目九　商品图片的特效处理

【项目导读】

通过以上章节的学习，初步掌握了 Photoshop 软件对拍摄的商品图片进行后期处理的技能。已经能够对效果不太好的商品图片进行美化和修复，同时也可以对曝光不正确、大小、角度及颜色不合适的图片进行调整，学会了选区工具的使用等。但是距离制作一张完美的海报还有相当的距离，在海报制作过程中要用到图层蒙版、文本工具、图层样式、修复工具等。

【学习目标】

1. 能用 Photoshop 处理图片中的不足之处；
2. 能改变商品图片的尺寸和角度和色彩；
3. 能调整商品图片的清晰度；
4. 掌握为图片添加水印的方法。

任务一　添加水印

【任务描述】

在经营网店时给图片添加水印很常见。其目的主要是用于宣传店铺，同时保护自己店铺商品的版权。

【任务实施】

打开文件，按住"ctrl"键，点击"图层缩览图"完成水印图载入选区，随后同时按"ctrl＋C"键复制选区，切换到商品图片中，再使用"ctrl＋V"键粘贴，再使用"自由变换"工具进行水印图片大小的调整，并将其调整到合适的位置。见图 9-1。

商品信息采编——商品拍摄与图片处理

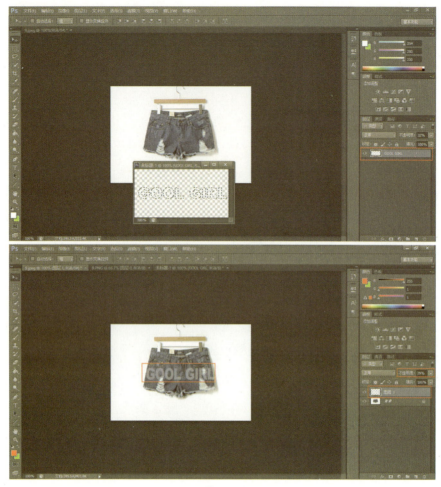

图 9-1

任务二　形状工具中的三种常用模式

【任务实施】

1. 模式

设置形状工具属性栏中的形状图层、路径和填充图像,生成的图形就是一个位图。见图 9-2。

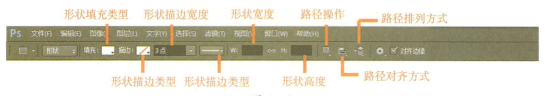

图 9-2

2. Photoshop 中的形状图层、路径、填充像素三者之间的区别

配合使用快捷键"U",可以看到如下图片,见图9-3。

图 9-3

形状图层:指封闭的路径。当移动蒙版显现区域时,呈现出来的效果不会发生改变。如果需要改变路径可以配合使用快捷键"A"右击,用直接选择工具来改变路径。

路径:是一种绘图方式,它勾勒出的图形是矢量图形,不会因为变形操作而失真,编辑时可以十分灵活地改变形状,具有很强的自创性。在路径里,可以对其进行填充、描边、转化成选区等。

填充像素:是位图。描绘出来的线条会自动闭合,在画的时候自动填充前景色,图片改变时也会发生变化。

这是三种不同情况下图片扩大后效果,很明显矢量图(形状图层)没有发生模糊等。见图9-4。

图 9-4

任务三 运用形状工具进行图案绘制

【任务描述】

使用 Adobe Photoshop 可以使用各种形状工具绘制形状,也可以从大量的预绘制形状中进行选择。

【任务实施】

(1) 在 Photoshop 中打开图像。见图 9-5。

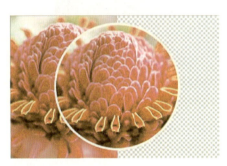

图 9-5

(2) 选择矩形工具。

从工具箱中选择"矩形"工具。选项栏中的"形状图层"按钮处于选中状态。使用此选项创建一个矢量形状,该形状会自动放在新图层上。见图 9-6。

图 9-6

(3) 创建矩形形状。

在"图层"调板中,选择图像的底部图层。通过点按拖移来创建一个覆盖图像在半部分的矩形。

默认情况下,此矩形使用前景色。如果需要更改颜色,可以点按两次图层缩览图以显示拾色器,从而选择一种新颜色。见图9-7。

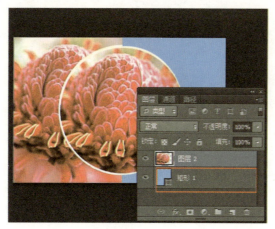

图9-7

(4) 向形状中添加渐变效果。

使用矩形工具添加2个新矩形形状,使用"矩形"工具拖移新矩形以覆盖图像左上方四分之一区域。点击前景色色板;然后为矩形选择一种新的颜色。选取"图层"—"更改图层内容"—"渐变",保留"渐变"的默认选择"前景色到透明"。将"样式"设置为"线性",且将角度设置为-50。重复这些步骤再创建一个矩形,但这次将角度设置为20。见图9-8。

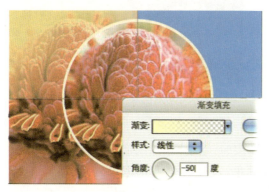
图9-8

图9-9

(5) 载入自定形状。

选择工具箱中的"自定形状"工具。在选项栏中,点击向下箭头打开自定形状选取器点击黑色三角形打开调板菜单,选择"全部",然后点击"追加"。这会将所有的预绘制形状载入到"自定形状"调板中。见图9-9。

(6) 绘制自定形状。

指向前景中添加自定形状来实现叠加效果。选择图像的顶部图层,并使用前景色色板为新形状,选取一种颜色。从"自定形状"调板中选择一种自定形状。选取后,按住"shift"键约束比例,然后在图像中点击并拖移以绘形状。见图9-10。

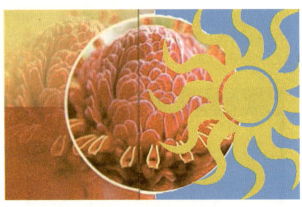

图 9-10

(7) 用图案填充自定形状。在图层调板中选择一个新形状,然后选取"图层"→"更改图层内容"→"图案"在"图案填充对话框中,打开图案调板,点击黑色三角形打开"调板"菜单。选择一个图案组。然后点击"追加"。点击一种图案以将其应用于自定形状。见图 9-11。

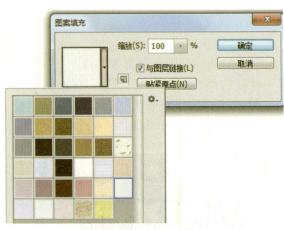

图 9-11

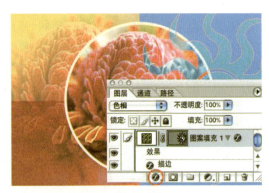

图 9-12

(8) 向形状中添加图层效果。

可以向形状中添加图层效果。在选中形状图层时,点击"添加图层样式"按钮。从菜单中选取"描边"。在"图层样式"对话框中,为描边颜色、宽度和位置选取设置,然后点击"好"。使用"图层"调板中的模式菜单对图层试用不同的混合模式,如"色相"、"变暗"或"复合"。见图 9-12。

任务四 修复工具使用

【任务描述】

修复工具的使用是为了修复图像中的污点、破损、划痕以及多余的部分等。Photoshop 中常用的修复工具主要有：仿制图章、图案图章、修复画笔等，借助这些修复工具可以对图像进行修复或者修饰。

【任务实施】

1. 仿制图章工具

仿制图章工具也是Photoshop中的一种专门的修图工具，其使用简单便捷，效果强大，可以用来消除人物脸部斑点、背景部分不相干的杂物、填补图片空缺等。

使用方法：选择"仿制图章工具"，在需要取样的地方按住"alt"键取样，然后在需要修复的地方涂抹就可以快速消除污点等。

（1）利用Photoshop工具箱"仿制图章工具"去除图像中的想要移出的人像。

① 按"ctrl+O"键打开一幅素材图像。见图9－13。

图9－13

② 将图像中人物和船去掉，选择Photoshop工具箱"仿制图章工具"，使用默认设置即可。见图9－14。

图9－14

③ 按住"alt"键，看到光标发生了改变，在Photoshop打开的图像内合适的位置上单击，设置好取样点，然后在需要移出的人物图像上涂抹，对取样进行复制。见图9－15。

④ 使用同样的方法，继续在图像中设置取样点，并涂抹。见图9－16。

（2）利用Photoshop工具箱"仿制图章工具"复制出一样的花朵。

① 打开一幅图像。见图9－17。

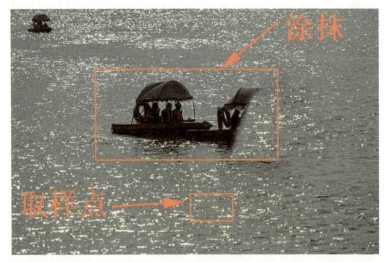

图 9-15

图 9-16

图 9-17

② 选择"仿制图章工具",根据花朵的特点,在其工具栏属性栏中设置画笔直径为 129 像素,其他参数保持默认设置。见图 9 – 18。

图 9 – 18

③ 在图像中需要复制的地方按住"alt"键并单击鼠标,设置好取样点。在需要被复制的图像区域拖动鼠标进行涂抹绘制,被涂抹的图像区域将绘制出相同的图像。

2. 图案图章工具

图案图章工具,是用来复制预先定义好的图案,使用图案图章工具可以对图案进行绘画,使用方式与上文同样步骤。

3. 修复画笔工具

修复画笔工具的使用功能与仿制图章工具一样,也是用于修复图像。见图 9 – 19。

图 9 – 19

4. 污点画笔修复工具

污点修复画笔工具也是 Photoshop 中处理照片时非常常用的工具之一。在使用污点修复画笔工具时,只需要确定需要修复的图像位置,调整好画笔大小,移动鼠标就会在确定需要修复的位置自动匹配。见图 9 – 20。

图 9 – 20

5. 修补工具

修补工具使用起来非常简单,而且功能强大,很多人,尤其是商品网店人员特别喜欢使用。

这是一家商店做活动的图片,买一送一,现在活动结束了,不再送一了,那么新的图片就可以用修补工具将小玩具清除。首先选择修补工具,拖动鼠标,框选将要去除的小玩具,然后用鼠标将框选区域拖动到小玩具上面的纯色背景中,松开鼠标就完成了修复。见图9-21。

图9-21

项目十　商品图片的美化

【项目导读】

通过以上章节的学习,我们已经能够对效果不佳的商品图片进行美化和修复,同时也可以对曝光不正确、大小、角度及颜色不合适的图片进行调整,学会了选区工具的使用等。本章节继续学习商品图片的美化。

【学习目标】

熟练掌握图层蒙版的使用。

任务一　图层蒙版

【任务描述】

如果图像中有选区,则在编辑图片时仅对选区内的图像有效。当在同一图像窗口中创建选区,原来的选区将被取消。因此,为了保留和重复使用原有图像的选区,建议大家使用图层蒙版功能。

图层蒙版可以理解为覆盖在当前图层上面的一层玻璃片,主要分类有:透明的、半透明的、完全不透明的。

【任务实施】

1. 图层蒙版的创建

图层面板最下面有一排小按钮,其中第三个,长方形里边有个圆形的图案,这就是图层蒙版按钮。见图10-1。

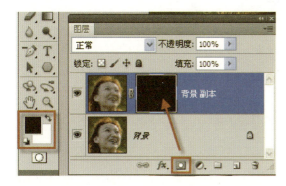 

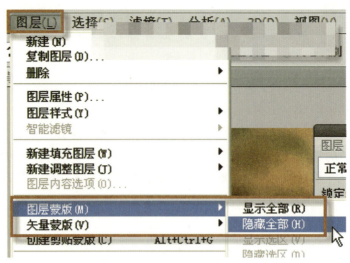

图 10-1

2. 图层与蒙版的链接

当添加一个图层蒙版时,它会自动和图层中的图像链接在一起。见图 10-2。

图 10-2

3. 删除图层蒙版

执行菜单栏中的相关命令,可以完成删除蒙版任务。

任务二　剪贴蒙版

剪贴蒙版主要用在特定场合，是指两个或者两个以上的图层组成，最下面的一个图层叫做基底图层（简称基层），位于其上的图层叫做顶层。基层只能有一个，顶层可以有若干个。

Photoshop 的剪贴蒙版可以这样理解：上面层是图像，下面层是外形。剪贴蒙版的优势是不会破坏原图像（上面图层）的完整性。如图 10-3。

图 10-3

利用剪切蒙版将图片嵌套到形状图层中。

（1）新建一个图层。

图 10-4

(2) 选择选框工具中的矩形选框

选择好之后,绘制需要的矩形大小这里可以根据作图需要绘制任意形状。特定情况下,也可以是文字形式。

图 10-5

(3) 填充白色,取消选区。

图 10-6

(4) 将要创建剪切蒙版的图片拖进画面中。

图 10-7

(5)将该图层位置放置到刚刚建立的白色图层上方。

图 10-8

(6)点击"创建剪切蒙版"。

图 10-9

（7）创建完成，图片就镶嵌入下一层图层形状中去了。

图 10 - 10

（8）这里分别制作了文字和其他图形。

图 10 - 11　　　　　　　　　图 10 - 12

任务三　图层样式

【任务描述】

图层样式是用于给图片添加各种效果的常用功能。

【任务实施】

选择菜单栏中的"图层样式"菜单下的命令,就可以看到"图层样式"对话框。对话框左侧是所有特效名称,每组名称对话框右侧都会出现相应的参数。见图 10-13。

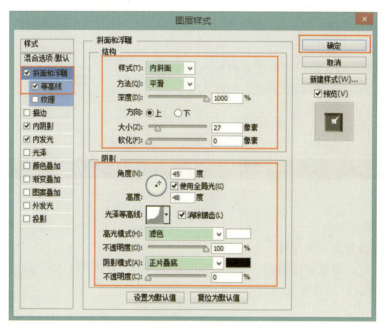

图 10-13

图层样式有 10 种。

样式一:投影,为图像添加阴影效果。

样式二:内投影,用于为图像添加内阴影效果。

样式三:外发光,为图像增加发光效果。

样式四:内发光,为图像增加内发光效果。

样式五:斜面和浮雕,为图像添加立体感。(适合做月饼)

样式六:光泽,用于创建光滑的磨光或金属效果。

样式七:颜色叠加,给字体或者对象变色的另一个捷径。

样式八:渐变叠加,为图像渐变叠加。

样式九:图案叠加,可以在图层上叠加图案。

样式十：描边。

每种样式对应的参数设置面板都有一个共用的参数，即混合模式。

混合模式包括以下 14 种情况：①正常、②溶解、③背后、④清除、⑤变暗、⑥正片叠底、⑦颜色加深、⑧线性加深、⑨变亮、⑩滤色、⑪颜色减淡、⑫线性减淡、⑬叠加、⑭柔光。

任务四　文字的设计

【任务描述】

文字的呈现是商品图片中最基本的一种形式，也是最重要的形式之一。

【任务实施】

1. 文字的输入

（1）横排文字工具。可以沿水平方向输入文字。

（2）直排文字工具。可以沿垂直方向输入文字。

（3）横排文字蒙版工具。

（4）直排文字蒙版工具。

图 10-14

①"更改文字方向"。

②"字体"：设置文字的字体。

③"字形"：可以设置字体形态。如：Regular(规则的)、Italic(斜体)、Bold(粗体)、和 Bold Italic(粗斜体)、Black(加粗体)。

④"字体大小"。

⑤"设置消除锯齿的方法"：设置消除文字锯齿的功能。

⑥"对齐方式"：一般使用左对齐居多。

⑦"文本颜色"：设置文字的颜色。

⑧"创建文字变形"：用于特定效果的设计。

⑨"字符和段落面板"。

⑩"取消"文字编辑按钮。

⑪"提交"文字按钮。也可以选择"移动工具"确定。

⑫"更新此文本联的 3D"。

2. 文字的编辑

有时已经输入文本后，想要改变输入文字的属性，需要将文字选中，然后通过字符面板更改相关参数即可。见图 10-15。

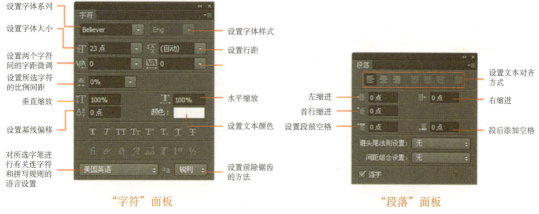

图 10-15

任务五 照片加雾效果

【任务实施】

（1）Photoshop 打开照片。如图 10-16。

图 10-16

(2) 复制好空白层，设置一定的前景色。执行滤镜—渲染—云彩。如下图 10-17。

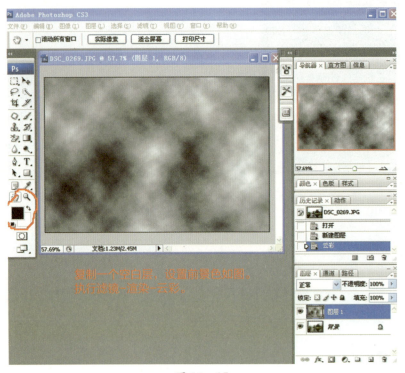

图 10-17

(3) 改图层混合模式为过滤色。如下图 10-18。

图 10-18

商品图片的美化 项目十

(4) 用橡皮擦掉不需要雾气的部位。如下图 10-19。

图 10-19

任务六　新建椭圆选区

【任务实施】

(1) 选择椭圆选区工具。如图 10-20 所示。

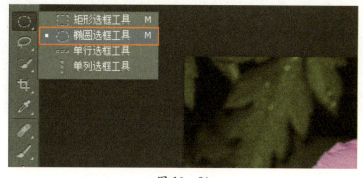

图 10-20

(2)点击窗口上方第一个小方块,新建选区。然后新建一个椭圆选区。如图10-21所示。

图 10-21

(3)样式、固定比例、固定大小。如下图10-22所示。

图 10-22

(4)调整边缘。如图10-23所示。

图 10-23

项目十一　商品详情页

项目导读

商品详情页是指发布商品时出现的详细情况的页面。通俗而言,就是点击一个网页后看到所有关于商品具体内容的页面。

学习目标

1. 掌握商品详情页的重要性;
2. 掌握商品详情页的制作技巧。

任务一　商品详情页的重要性

【任务描述】

商品详情页可以吸引买家观察商品的细节,提升商品的销售成功率。同时也可以提升买家购置笔数,提升客单价。

【任务实施】

1. 商品详情页面如何展现

(1) 展现店铺促销信息(直接文字的案例)

一定要使买家进来之后有停留继续观察的欲望,从而提升成交的概率。

如图11-1和图11-2,分别是两款香水的商品详情页。

图 11-1

图 11-2

(2) 店铺关联商品设计

这里需要注意的是,引荐商品的数量要合理控制。不要太多,引荐的套餐也不宜超越 3 个。如图 11-3。

图 11-3

2. 商品详情页的尺寸

人们经常浏览的淘宝页面,整个页面是 900 像素,左边是 150,右边是 750。也就是说详情页面设置 750 以内的就可以了,一般大部分人设置的是 650—700,这样就便于浏览了,尺寸不要太大,否则就看不清楚整体商品是什么样了。

(1) 商品主图大小

在编辑和发布商品时,主图一般情况下选择 4~6 个不同角度的图片会比较合适。编辑时淘宝也有提示,需要上传的图片达到规定的大小之后才能使用放大镜功能。

建议主图尺寸:700*700。

主图大小:500K 以内,保证图片不会失真的前提下。

(2) 主图放大镜功能

凸显商品的细节,非常重要。

(3) 商品细节图尺寸大小

一般来说宽度要求限制在 750 以内,高度则没有限制。

宝贝细节图尺寸参考:750 宽,高度则根据商品本身实际情况而定。

宝贝细节图大小参考:最好在单张 500K,连体图片 3M 以内。

任务二　商品详情页如何进行产品描述

【任务描述】

大家都有逛店铺的经验，一般来说，都是先进入商品详情页。可见，一个好的商品详情页极其重要。一款销量好的商品，必然"符合季节趋势的商品选款"、"质量好性价比高"、"库存充足"。所以，商家需要考虑的是如何对产品进行描述，从而能够吸引更多顾客，并实现高转化率。这一过程，详情页中的文字描述功不可没。

【任务实施】

1. 描述结构合理化

首先，描述页面本身分为两块：图片展示设计和功能效果设计。以这款香水为例，详情页的描述图文并茂，数次修改之后得到最佳效果。见图 11-4 和图 11-5。

图 11-4

图 11-5

2. 实用技巧

（1）页面不可太长，否则会造成买家阅读疲劳。
（2）突出促销活动区，这样可以增加买家购买欲望，符合消费者的普遍心理。
（3）增加客单价——商品推荐。

3. 模块清晰化

（1）分类模板：事实证明，很多买家更希望自己选择，因此，在描述中要体现所有产品或者相关产品的分类。目的是给买家更多选择的余地。
（2）咨询功能模块：对买家来说必不可少，是一大吸引因素。

任务三 商品详情页的制作

案例一 美容护肤类商品（喷雾）详情页的设计

1. 案例描述

喷雾作为日常生活中常见的美容护肤类商品，深受女性喜爱，在做电商设计时，一定要体现出喷雾的良好的效果。但是，详情页的制作并非易事，喷雾的种类较多，不同种类有不同的适用范围。因此，在制作时要考虑喷雾商品详情页的设计需体现什么风格，如何搭配周围物品等。

2. 知识学习

（1）商品广告

① 新建一个画布，名称为"喷雾"，宽度为"750 像素"，高度为"11 630 像素"，新建效果如图 11-6 所示，单击确定。

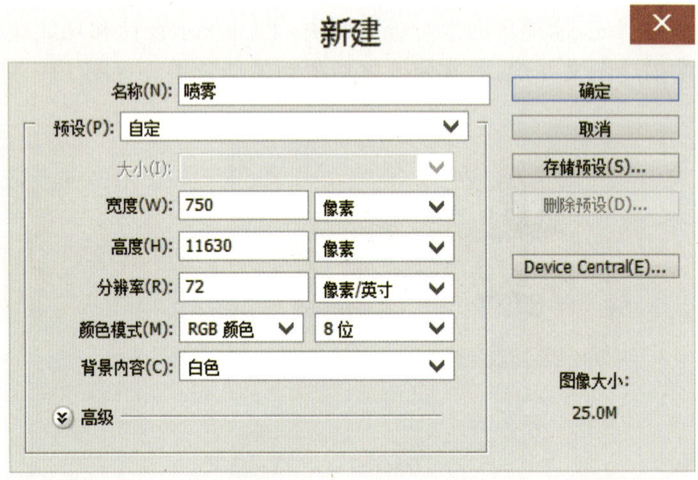

图 11-6

② 打开图片"首页背景.png"，移动到画布上方，打开图片，使用快速选择工具，将喷雾选择出来，将选中的部分移动到首页背景左侧的空白处，按住"ctrl+T"，调整大小，单击确定。效果如图 11-7 所示。

图 11-7

③ 新建图层,打开图片"水.png",移动到喷雾下一层,按住"ctrl+T",调整大小,单击确定。效果如图 11-8 所示。

图 11-8

④ 新建文字图层,输入文字"告别陈年旧色",字体选用"微软雅黑",字体大小选为 30 像素,文字颜色采用红色。换行,继续输入"水的更透彻",改变文字大小为 48 像素。再次新建文字图层,输入"净透杂质,通透管道,根源调节修复",文字大小选为 18 像素,文字 RGB 为"140,113,113"。换行输入"养分导入基底膜"。换行,输入"从源头唤醒美白原生力量,打造匀净透水润肌。"效果如图 11-9 所示。

图 11-9

(2) 商品信息

① 打开图片"属性.png",将图片移动到首页背景下,添加图层样式"投影",样式如图 11-10 所示。

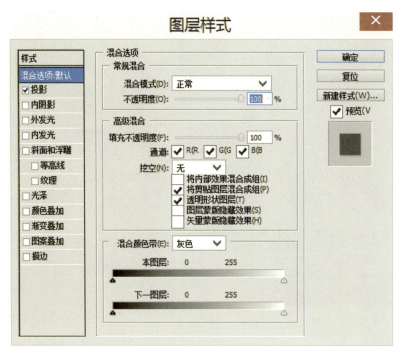

图 11-10

② 在左上角添加文字"商品属性",文字设置如下:字体"微软雅黑",字号"24 点","平滑","黑色"。

③ 新建文字图层,在"商品属性"下方输入一条虚线,复制图层 5 次。使线条平均分布。效果如图 11-11 所示。

图 11-11

④ 分别在横线分隔出的位置填写文字。输入"·品牌:千纤草","·名称:洋甘菊舒缓调理喷雾","·上市时间:2015 年","·功效:补水 保湿 滋润","·保质期:36 个月","·适合部位:身体各个部位都适用","·限期使用日期范围:2018-06-06 至 2019-06-05","·规格类型:正常规格","·净含量:200ml"。文字设置如下:字体"微软雅黑",字号"14.77 点","平滑","灰色"(R:74 G:74 B:74)。效果图如图 11-12 所示。

图 11 - 12

⑤ 在文字的右侧添加图片"绿叶.jpg",调整大小和位置,单击确定。效果如图 11 - 13 所示。

图 11 - 13

(3) 产品特色

① 打开图片"背景图片.png",选择其中的喷雾,将其拖出到背景正中。效果如图 11 - 14 所示。

图 11 - 14

② 打开图片"花朵.png"到新建图层。放在画面的左下角,调整到合适大小。效果如图11-15所示。

图 11-15

③ 新建文字图层,在画面的左上角输入文字"产品特色",文字设置如下:字体"微软雅黑",字号"24点","锐利","红色"(R:225 G:85 B:104)。效果如图11-16所示。

图 11-16

④ 在"产品特色"的下方以及画面的右下角输入文字"从洋甘菊中提炼出温和的精华萃取,其功效为:增强肌肤耐受性并降低敏感度,舒缓晒后及缺水肌肤的不适感,安抚并保湿肌肤。"效果如图11-17所示。

图 11-17

(4) 产品细节

① 打开背景图片,在画布的正上方的中央画一个圆角矩形,填充色设置为透明,边框用虚线呈现。样式如图 11-18 所示。

图 11-18

② 在圆角矩形框中输入文字"产品细节"。样式如图 11-19 所示。

11-19

③ 在画布的正中画一个圆角矩形,将其颜色设置为"红色"(R:247 G:75 B:119),宽度设置为 1px。效果如图 11-20 所示。

图 11-20

④ 在这个圆角矩形上方画一个实心椭圆形,用吸管工具填充同样颜色。在椭圆中间输入"01"。效果如图 11-21 所示。

图 11-21

⑤ 复制图层3次,分别在椭圆中改变数字为"02"、"03"和"04"。效果如图 11-22 所示。

图 11-22

⑥ 打开图片"喷雾1.png",将图片移动到背景中"01"的左侧。同时在"01"的右侧输入文字"精美正品喷雾罐",文字设置如下:字体"微软雅黑",大小"21点","平滑",颜色"红"(R:247 G:75 B:119)。在其下方输入文字"节气养颜·生态美肌 正品千纤草喷雾",文字设置为:字体"微软雅黑",大小"14点","平滑","黑色"。在其下方再次输入文字"Beauty and ecological beauty solar term Thousand grass spray",文字设置为:字体"AvantGardeLT Book",大小"14点","平滑","黑色"。效果如图11-23所示。

图 11-23

⑦ 重复上述步骤,重复3次,完成"02"、"03"和"04"。效果如图11-24所示。

图 11-24

(5) 注意事项

① 在背景图片中画一个圆角矩形,其边框宽度设置为 3px,颜色设置为"红"(R:247 G:75 B:119)。样式如图 11-25 所示。

图 11-25

② 在圆角矩形框的上方再画一个小的圆角矩形框,宽度设置为 1px,用吸管工具取相同颜色,边框用虚线。样式如图 11-26 所示。

图 11-26

③ 在小圆角矩形框中输入文字"注意事项",文字设置如下:字体"微软雅黑",大小"48点","锐利",颜色"红"(R:247 G:75 B:119)。效果如图 11-27 所示。

图 11-27

④ 在圆角矩形框正上方输入文字"千纤草　洋甘菊舒缓修护喷雾",文字设置为:字体"微软雅黑",大小"18点","锐利",颜色同上。此外,在圆角矩形框下方输入文字"1.本品仅供外用,用后如有不适,请暂停使用。2.使用过程中,请勿将本品放置在阳光下或高温地方,避免爆炸。3.请勿刺穿或燃烧容器。"文字设置如下:字体"微软雅黑",大小"18点","锐利",颜色"黑色"。效果如图11-28所示。

图 11-28

(6) 温馨提示

① 在背景图片上方画一个矩形,添加图层样式"内阴影、颜色叠加和图案叠加"。样式如图11-29所示。

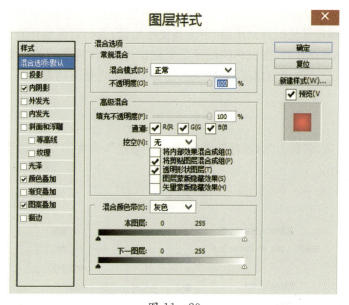

图 11-29

② 在矩形框中输入文字"温馨提示",文字设置为:字体"FZL TZHK GBK1 0",大小"12.48","锐利",颜色"白色"。样式如图11-30所示。

图 11-30

③ 打开图片"正品.png",将其移动到"温馨提示"下方左侧,调整好大小。在其右侧输入文字"正品保障",文字设置为:字体"宋体",大小"14 点","锐利",颜色"红"(R:247 G:75 B:119)。在下方输入文字"全新正品,质量保证,放心购买!"文字设置为:字体"宋体",大小"13 点","锐利",颜色"黑色"。以下步骤类似操作即可,得到效果如图 11-31 所示。

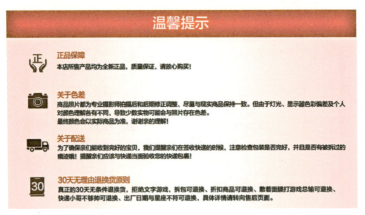

图 11-31

案例二 金属类商品(保温杯)详情页的设计

1. 案例描述

保温杯是一种非常常见的日常用品,由于其使用频繁,人们对保温杯的选择早已有自己的喜好。因此,在做电商设计时,保温杯的设计更要别出心裁,体现所宣传的保温杯的与众不同之处。在展示时,不仅要体现出保温杯的性能,也要于细节之处下功夫。

2. 知识学习

(1) 商品主图

① 新建一个画布,名称为"保温杯",宽度为"454 像素",高度为"340 像素",新建效果如图 11-32 所示,单击确定。

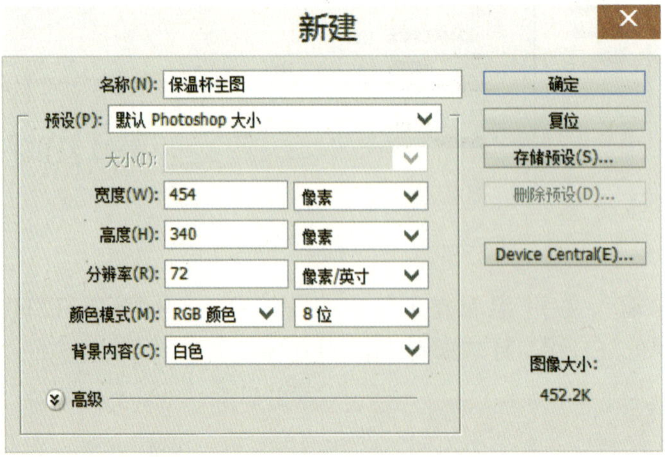

图 11-32

② 打开图片"主图背景.png",移动到画布上方,按住"ctrl+T",调整大小,单击确定。效果如图11-33所示。

图11-33

③ 新建图层,打开图片"杯子.png",移动到背景上,按住"ctrl+T",调整大小和方向,盖住背景图上的玻璃杯,单击确定。效果如图11-34所示。

图11-34

④ 新建文字图层,输入文字"经典水杯　品味不凡",字体选用"BDZYJT GB1 0",字体大小"83.58像素",文字颜色为"黄色"(R:177　G:140　B:95),设置图层样式为"投影"。复制该图层,改变文字色彩。效果如图11-35所示。

图 11-35

⑤ 在文字下方做一个小的矩形,颜色填充为白色,再在下方画一个大的矩形,颜色填充为黑色,调整右侧边的样式,复制该图层,将复制后的矩形颜色填充为白色,大小稍微调整小一些,露出黑色矩形的边缘。效果如图 11-36 所示。

图 11-36

⑥ 在小矩形中输入文字"SIMELO",字体选用"华文宋体",字体大小为"25.29 点","锐利",颜色为"黑色"。大矩形中输入文字"商务双层保温杯",字体选用"微软雅黑",字体大小为"35.1 点","锐利",字体颜色为"棕色"(R:50 G:13 B:0)。在下方输入文字"震撼来袭",字体选用"微软雅黑",字体大小为"64.74 点","锐利",字体颜色为"黑色"。为字体添加效果,效果如图 11-37 所示。

图 11-37

⑦ 调整保温杯的色相,使其金属质感更强,同时将画面整体亮度调高。效果如图 11-38 所示。

图 11-38

(2) 宝贝信息

① 新建"宝贝信息"图层,输入文字"宝贝信息",字体选用"CTLaoSongSJ",字体大小为"44.03 点","锐利",字体颜色为"黄色"(R:181 G:132 B:77)。在下面一行输入文字"只/为/你/的/健/康/饮/水//我/们/一/直/在/努/力/",字体同上,大小为"11.68 点",颜色为"白色"。效果如图 11-39 所示。

图 11-39

② 新建背景图层,打开杯子和包装盒图片,调整位置和大小。在杯子的顶端画一个宽度为1像素的圆角矩形,复制图层,将矩形移动到杯子的底部,再沿杯子边缘垂直方向画一个宽度同样为1像素的圆角矩形,在该矩形的中间位置输入文字"245 mm",字体选用"微软雅黑",字体大小为"14.38 点","锐利",字体颜色为"黄色"(R:181 G:132 B:77)。用同样的方法,在杯子的底部输入文字"48 mm"。效果如图11-40所示。

图 11-40

③ 在保温杯包装盒的右侧画一条宽度为1像素的矩形,填充色为"黑色",在矩形的上面输入文字"BUSINESS CLASSIC",字体选用"CTLaoSongSJ",大小为"30.55 点","锐利",颜色为"黑色"。在矩形下方输入文字"定格·绅士·经典",字体同上,大小为"29.74 点","锐利",颜色为"黑色"。在其下方输入英文"SIMELO CUP",大小为"19.52 点",其余设置同上。在"CUP"的下方画像素为3像素的矩形。再在下方输入英文。效果如图11-41所示。

图 11-41

④ 在背景图下方画圆角矩形,宽度设置为 2 像素。颜色设置为"黑色"。新建图层,在圆角矩形框中画一条黑色的虚线,复制该图层两次,得到三条同样的虚线,通过调整,使三条线条等间距。在第一条虚线上输入文字"【产品名称】SIMELO 印象京都系列保温杯【产品型号】SM1608",字体选用"微软雅黑",大小为"18 点","锐利",字体颜色为"黑色"。在第二条虚线上输入文字"【容量】500 ML【材质】优质不锈钢/食品级 PP",字体设置同上,在第三条虚线上输入文字"【保温时间】6 小时以上 42 度,不锈钢"。效果图如图 11-42 所示。

图 11-42

(3) 产品细节

① 新建背景图层,添加图层样式"图案叠加",如图 11-43 所示。

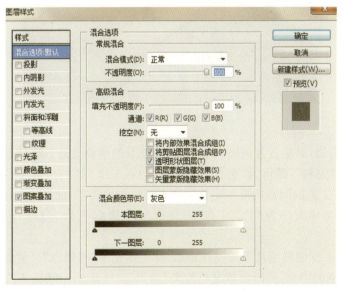

图 11-43

② 新建文字图层,在背景图片上输入文字"宝贝细节",字体选用"微软雅黑",字体大小为"44.03点","锐利",字体颜色为"黄色"(R:181 G:132 B:77)。在下方输入文字"只/为/你/的/健/康/饮/水//我/们/一/直/在/努/力",字体选用"微软雅黑",字体大小为"11.68点","锐利",字体颜色为"白色"。再在该行文字下方输入英文"WATER WE HAVE BEEN WORKING ON FOR YOU HEALTHWATER WE HAVE BEEN",字体选用"CTLaoSongSJ",字体大小为"4.65点","锐利",字体颜色为"黄色"(R:181 G:132 B:77)。效果如图11-44所示。

图 11-44

③ 打开背景图片,同时打开保温杯图片,将保温杯移动到画布上,调整大小和位置,同时为保温杯增加投影效果。效果如图11-45所示。

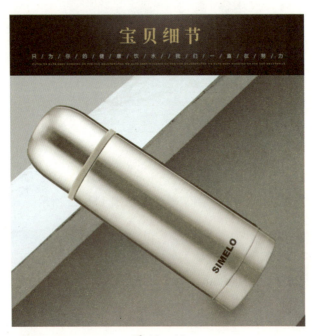

图 11-45

④ 在画面的右侧,沿垂直方向输入文字"感受细节的经典之处",字体选用微软雅黑,字体大小为"26.9点","锐利",颜色为"黄色"(R:181 G:132 B:77)。在其左侧输入文字"原装高品质与高科技工艺的制造典范　完美贴合人性化深度需求,拥有经久不衰的品质"。字体选用"微软雅黑",字体大小为"13.96点","锐利",字体颜色为"白色"。效果如图11-46所示。

⑤ 新建图层,在保温杯图片下方制作矩形,颜色填充为"浅黑色"。复制图层,调整矩形的大小,使其位于画面的中央,同时将填充色改为"纯黑"。在矩形中间输入文字"品牌杯盖",字

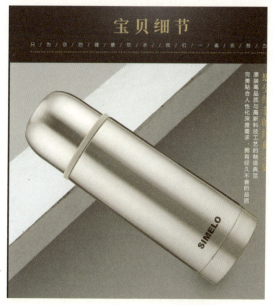

图 11-46

体选用"FZLTCXHJW GB1 0",字体大小为"13.96 点","锐利",字体颜色为"黄色"(R:181 G:132 B:77)。在其右侧输入文字"科技杯盖",更改字体颜色为"白色"。换行,输入文字"安全方便",其中,"方便"二字的字体大小为"32.08 点",字体颜色为"黄色",在右上角用多边形工具制作三角形,填充色为"黄色"。再次换行,输入文字"360°密封,随身方便",在左侧制作小三角。效果如图 11-47 所示。

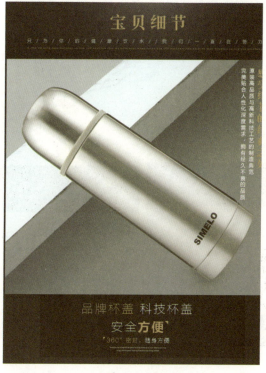

图 11-47

⑥ 新建图层，打开背景水珠图片，同时打开杯盖图片，将其移动到背景水珠图片上方，调整好大小和位置，在杯盖边缘增加一个实心点，填充色用"黄色"，再用直线工具将画面延伸至画面右侧，输入文字"食品级PP"，字体选用"微软雅黑"，字体大小为"32.08点"，"锐利"，字体颜色为"黑色"。在画面右下输入文字"安全　可用于盛水喝水"，将字体大小调整为"21.1点"。之后将之前的双层黑色矩形及文字说明图层复制。效果如图11-48所示。

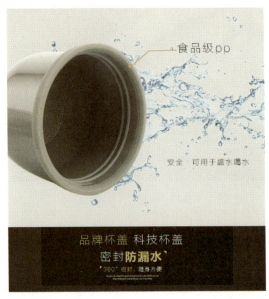

图11-48

⑦ 按照上述类似步骤，依次制作硅胶圈、内胆及保温杯身的细节展示。效果如下图11-49所示。

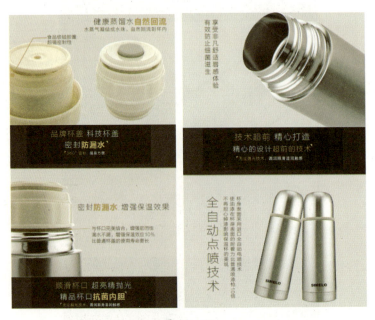

图11-49

案例三　服装类商品（牛仔裤）详情页的设计

1. 案例描述

牛仔裤深受人们的喜爱，但是牛仔裤的种类繁多，在做电商设计详情页的时候，要根据不同款式的牛仔裤，仔细合理地选择设计的方案，使得呈现给顾客的画面不仅清晰美观，更能直观地看出该款牛仔裤的特征和优势。

2. 知识学习

（1）商品主图

① 新建一个画布，名称为"牛仔裤"，宽度为"415像素"，高度为"640像素"，新建效果如图11-50所示，单击确定。

图11-50

② 打开牛仔裤图片，将牛仔裤移动到画布上方，按住"ctrl＋T"，调整大小，单击确定，为牛仔裤添加阴影效果。效果如图11-51所示。

图11-51

③ 新建图层,在画布中间偏上的位置画矩形,调整矩形的形状,填充色用"蓝色"。将该图层移动到下方,在矩形框中输入文字"柔软/亲肤/透气",字体选用"微软雅黑",字体加粗,字体大小选用"25.1点","锐利",字体颜色为"白色"。换行,输入文字"舒适版型　打造休闲牛仔",字体不加粗,将字体大小调整为"18.83点"。效果如图11-52所示。

图11-52

④ 新建文字图层,输入文字"潮流趋势",字体选用"微软雅黑",字体大小为"43.45点","锐利",文字颜色为"黑色"。将文字"潮流趋势"设置为文字倒影的效果,使其呈现立体感。调整文字位置到左下角。效果如图11-53所示。

图11-53

⑤ 在矩形框上方输入文字"Quality jeans",字体选择"MFLIHEI_Noncommercial Regular",字体大小为"22.23点","锐利",字体颜色为"黑色"。换行,输入文字"品质牛仔",将文字大小调整为"62.61点",字体颜色为"蓝色"(R:25　G:88　B:162)。效果如图11-54所示。

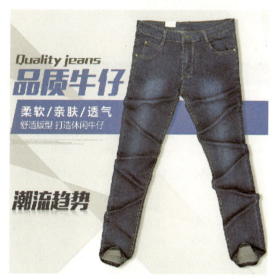

图 11－54

(2) 产品信息

① 新建"宝贝信息"图层，在画布的上方画矩形，用"蓝色"填充，新建图层，对矩形框设置线形渐变色。在矩形框的左侧画垂直方向的矩形，宽度设置为 2px，用"红色"填充。在右侧输入文字"产品信息/PRODUCT INFORMATION"，中文字体选用"微软雅黑"，字体大小为"20点"，"平滑"，字体颜色为"白色"。英文字体大小"11点"。在右侧空白的地方做一条黑色虚线，复制该图层 3 次，调整 4 条虚线的位置，使其间隔相等。在第一行输入文字"品牌　依兔缘"，字体选用"微软雅黑"，字体大小为"11点"，"平滑"，字体颜色为"黑色"。第二行输入文字"面料成分　42％棉　44％聚酯纤维"，第三行输入文字"风格　14％再生纤维"，最后一行输入"时尚偏休闲"，调整文字位置到合适地方。

在右下角空白地方画矩形，用"蓝色"填充，在矩形中输入文字"版型指数"，字体选用"微软雅黑"，字体大小为"10点"，"平滑"，字体颜色为"白色"。复制该图层 3 次，调整 4 个矩形的位置，使其间距相等，更改第二个矩形中的文字为"柔软指数"，第三个为"弹力指数"，第四个为"厚薄指数"。在第一个矩形的右侧画直线，线条颜色用"蓝色"。在线条上方输入文字"修身　适中　宽松"，调整其位置，使三者的间距相等。用类似的方法完成下面三个指数的设置。效果如图 11－55 所示。

② 在下方呈现尺码表。也是用蓝色矩形框，在矩形框中输入文字"尺码表

图 11－55

Size chart",字体选用"微软雅黑",字体大小为"16 点","平滑",字体颜色为"白色"。最终呈现的效果如图 11-56 所示。

尺码参照	腰围	臀围	大腿围	裤口	前档	后档	裤长
28/两尺一	71	91.2	54	34.4	25.5	35	102
29/两尺二	74	94	55.5	34.8	26	35.5	102
30/两尺三	77	96.4	57	35.2	26.5	36	102
31/两尺四	80	99.2	58.5	35.6	27	36.5	104
32/两尺五	83	102	60	36	27.5	37	105
33/两尺六	87	104.8	61.5	36.4	28	37.5	105
34/两尺七	90	107.6	63	37	28.5	38	107
35/两尺八	94	110.2	64.5	37.2	29	38.5	107
36/两尺九	97	113	66	37.6	29.5	39	109
38/三尺	100	115.8	67.5	38	30	39.5	109
40/三尺一	103	118.6	69	38.5	30.5	40	110

单位：CM
温馨提示：平铺测量尺寸仅供参考，不考虑弹性范围内数据，因测量方法方式不同，请允许有1-3cm误差范围，请亲们根据自身体型以及着装喜好来选择衣服大小

图 11-56

(3) 产品细节

① 新建"产品"图层，在画布的上方画矩形，用"蓝色"填充，新建图层，对矩形框设置线形渐变色。在矩形框的左侧画垂直方向的矩形，宽度设置为 2px，用"红色"填充。在右侧输入文字"产品细节/PRODUCT DETAILS"，中文字体选用"微软雅黑"，字体大小为"20 点"，"平滑"，字体颜色为"白色"。英文字体大小为"11 点"。效果如图 11-57 所示。

图 11-57

② 打开拉链细节图，移动到画布的左侧，调整好大小和位置。在右侧空白地方靠近边缘的位置输入文字"01"，字体选用："AlisonRegular"，字体大小为"53.89 点"，"平滑"，字体颜色为"蓝色"(R：0　G：104　B：157)。在其左侧画蓝色矩形框，在框中输入文字"拉链细节"，字体选用微软雅黑，字体大小为"15.08 点"，"平滑"，字体颜色为"白色"。在下一行输入文字"YKK 拉链　顺滑耐拉"，字体选用"微软雅黑"，字体大小为"18.72 点"，"平滑"，字体颜色为"蓝色"(R：0　G：104　B：157)。换行输入"采用金属拉链，牢固耐拉，品质选择"，字体选用"微软雅黑"，字体大小为"15.08 点"，"平滑"，字体颜色为"黑色"。换行 2 次，画宽度为 1 像素的矩形，填充为"蓝色"。在矩形下方输入文字"USE A METAL ZIPPER STRONG

RESISTANCE TO PULL QUALITY SELECTION",字体选用"微软雅黑",字体大小为"6点","平滑",字体颜色为"黑色"。效果如图11-58所示。

图 11-58

③ 完成余下细节的设计,最终效果如图11-59所示。

04 纽扣细节
时尚铜扣 字母装饰
潮流复古设计，采用良好的制作工艺，有效抵抗摩擦和氧化
USE A METAL ZIPPER, STRONG RESISTANCE TO PULL, QUALITY SELECTION

05 脚口细节
裤脚包边处理平整，做工细致可见

06 吊牌细节
正品依兔缘，品质保证，毋庸置疑

图 11-59

项目十二 商品海报设计

项目导读

海报（Poster）又称"招贴"，是一种速看广告。由于其篇幅大、标题醒目，可以很快地吸引观众的注意力。

学习目标

掌握商品海报的重要性和制作技巧。

任务一 商品海报设计概念

【任务描述】

海报是日常生活中非常常见的宣传方式，其使用范围很广，是一种非常吸引眼球的广告形式。

【任务实施】

海报的目的当然是要吸引观众观看海报宣传内容。因此设计时要从观众的角度出发，使观众看到海报后有阅读的冲动。见图12-1和图12-2。

图12-1

海报具有以下特点：
（1）优质的海报广告，针对其潜在消费者。
（2）海报广告注重视觉冲击力，是一种形象化的表现。

图 12-2

（3）海报广告的画面，生动直观。

（4）海报具有艺术性，注重画面的美感和艺术感。无论是图案还是文字在设计时的要求都比较高。

任务二　商品海报设计的原则

【任务描述】

商业海报的设计，需要注意的原则有：主题，构图，色彩和字体。

【任务实施】

主题即内容。清楚地传达海报的内容信息，才能使观众产生共鸣；因此设计者在构思时，一定要了解海报的内容，才能准确地表达主题的中心思想，在此基础上，才能够完全地进行创意表现。

图 12-3

任务三　商品海报的表现形式

【任务描述】

海报设计的表现形式是多种多样的,结合计算机平面设计技术应用和广告业的共同发展下所产生,主要是对图象、文字、色彩、版面、图形等表达广告的元素,并结合广告媒体的使用特征,在计算机上通过相关软件来实现表达广告目的和意图,所进行平面艺术创意性的一种设计活动或过程。

【任务实施】

1. 店内海报

店内海报的使用范围较为狭窄和固定,通常应用于营业店面内,在呈现时一定要配合店内的整体风格、色调等。见图 12-4。

2. 招商海报

招商海报的目的一般商业宣传,设计时要注意达到引人注目的视觉效果。海报内容要重点突出,且文字、排版等不宜太花哨。见图 12-5 和图 12-6。

3. 展览海报

展览海报主要用于展览会的宣传,由于其用途的针对性,使得这一类海报所涉及的内容很

图 12-4

图 12-5

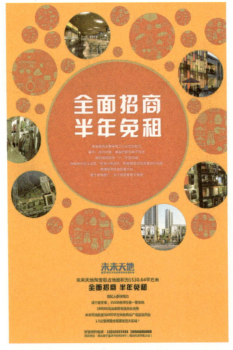

图 12-6

广泛,且视觉效果很好。见图12-7。

图 12-7

4. 平面海报

平面海报设计要有立体感,需重点表达出宣传的主体。其特点是成本较低,且呈现效果较好,所以较受青睐。见图12-8。

图 12-8

任务四　商品海报设计与制作

【任务描述】

海报设计必须有相当的号召力与艺术感染力，要调动形象、色彩、构图、形成感等因素形成强烈的视觉效果，画面要有较强的视觉中心、应力求新颖、单纯，还必须具有独特设计风格和设计特点。

【任务实施】

1. 设计步骤

设计之前需明确以下几个问题：
（1）这张海报的目的？
（2）目标受众是谁？
（3）他们的接受方式如何？
（4）其他同行业类型产品的海报怎么样？
（5）此海报的体现策略？
（6）创意点？
（7）表现手法？
（8）怎么样与产品结合？

2. 八个部曲

（1）主题明确；
（2）重点文字要突出；
（3）符合人们的阅读的习惯；
（4）在最短的时间内激起观众点击欲望；
（5）色彩不要过于醒目和花哨；
（6）产品数量不宜过多；
（7）信息数量要平衡，要有画面的留白；
（8）设计 Banner。

3. 设计要素

（1）充分的视觉冲击力；
（2）海报表达的内容精炼有核心；
（3）内容不可过多；
（4）一般以图片为主，文案为辅；
（5）主题字体醒目。

4. 构图技巧

这里强调的是几种对比关系，如远近对比、中西对比、古今对比等。
（1）构图技巧的粗细对比。对于这种粗细对比，有些是主体图案与陪衬图案对比；　有些是中心图案与背景图案的对比。见图12-9。

图 12-9

(2) 构图技巧的远近对比。设计者在创作构图的时候,首先要清楚所诉求的主题,营造出鹤立鸡群的氛围。见图12-10。

图 12-10

(3) 构图技巧的疏密对比。设计构图不是要把整个画面都填满,更不能使画面花花绿绿,从背景图案到主题图案全是很沉重的颜色表现,反而会令人产生厌倦而失去兴趣。这就是没把握住疏密对比造成的。见图12-11。

图 12-11

(4) 构图技巧中的静动对比。动静对比会让人的视觉感到非常舒服。见图 12-12。

图 12-12

(5) 构图技巧中的中西对比。见图 12-13。

在外包装设计的画面中利用西洋画的卡通手法和中国手法相结合,又或者是中国汉学艺术和英文相结合,直接用写实的手法把西方人或某个画面直接突出表现在包装图案上。

图 12-13

(6) 构图技巧的古今对比。

人们为了体现一种文化品位,将古代的服饰、书法等体现在包装上,给人一种古色古香、典雅内蕴的追求或某一方面慰藉。

5. 色彩运用

色彩是人的视觉中最敏感的部分。因为色彩具有象征性,有些职业的标志色,例如,军警的橄榄绿,医疗卫生的白色等。色彩的合理使用,可以起到事半功倍的效果。见图 12-14。

图 12-14